EINSTEIN'S COSMOS

HOW ALBERT EINSTEIN'S VISION TRANSFORMED OUR UNDERSTANDING OF SPACE AND TIME

WRITTEN BY MICHIO KAKU

愛因斯坦的宇宙

加來道雄 著

郭兆林 譯

EINSTEIN'S COSMOS

HOW ALBERT EINSTEIN'S VISION TRANSFORMED OUR UNDERSTANDING OF SPACE AND TIME

PART 1. PART 3.
THE UNFINISHED PICTURE:
PART 2. FIRST PICTURE
THE UNIFIED FIELD THEORY
SECOND PICTURE
RACING A LIGHT BEAM
WARPED SPACE-TIME
PREFACE:
A NEW LOOK AT THE LEGACY OF ALBERT EINSTEIN

序

天才。脫線教授。相對論之父。亂髮飛天、不穿襪子、衣著鬆垮、愛叼菸斗、對周遭世界渾然不覺……艾伯特．愛因斯坦（Albert Einstein）神話般的形象深植人心。傳記作家丹尼斯．布萊恩（Denis Brian）寫道：「這位天王偶像的名氣和貓王、瑪麗蓮．夢露一樣響亮，不論明信片、雜誌封面、T恤及大型海報上，處處可見他凝思注視的神情。好萊塢比佛利山還有專門的經紀人兜售其肖像拍攝電視廣告，他肯定會恨這類事情的。」

愛因斯坦是有史以來最偉大的科學家之一，這位科學巨人的貢獻與牛頓並駕齊驅。《時代雜誌》推選他為「世紀人物」自是眾望所歸，許多歷史學家更推崇他是千年來最具影響力的一百位人物之一。

愛因斯坦享有崇高的歷史地位，如今在此更有幾點理由，值得人們重新評價他一生的貢獻。首先，愛因斯坦的理論深遠奧妙，多年前的預測至今仍常成為斗大新聞頭條，因此對這些理論探本溯源相當重要。如今最新一代的儀器（諸如衛星、雷射、超級電腦、奈米科技、重力波探測器等）可以探索宇宙更深處以及原子更底層，這些儀器在一九二〇年代可是完全無從想像起。愛因斯坦當年的預測，如今接連幫助科學家抱回諾貝爾獎；即使是愛因斯坦漫不經心之作，也經常為科學界開拓新視野。例如，一九九三年諾貝爾獎便歸於兩位分析雙中子星運動、間接證實重力波存在的物理學家①，而愛因斯坦早在一九一六年便預測了重力波的存在。另外，二〇〇一年的諾貝爾獎由三名物理學家共享榮耀，他們證實「玻色—愛因斯坦凝聚態」（Bose-Einstein condensates），而愛因斯坦在一九二四年即預測到，某些物質接近絕對零度時會到達這種新狀態。

還有一些預測如今也獲得了驗證。像黑洞原本被視為愛因斯坦理論的怪預測，現在哈伯太空望遠鏡及非常大陣列電波望遠鏡已經指認出黑洞了。至於愛因斯坦環與愛因斯坦鏡不僅已獲得證實，同時也是天文學家用來測量外太空不可見物體的關鍵工具。

即使是愛因斯坦的「錯誤」，學者也認為對人類的宇宙知識貢獻深遠。二〇〇一年科學發現有力的證據，指出曾被視為愛因斯坦最大錯誤的「宇宙學常數」，其實占宇宙總能量比例最大，並且將決定宇宙的最終命運。隨著越來越多實驗證據證實其早先預測，實驗界確實有股「復興」愛因斯坦遺產的味道。

第二，物理學家正在重新評估愛因斯坦的精神遺產，特別是其思考過程。正當傳記作家滴水不露地檢視愛因斯坦的私生活、企圖找出其理論起源的線索時，物理學家卻更加意識到，愛因斯坦的理論大多不是建立在晦澀難解的數學上（更不用說是他的愛情生活），而是建立在簡單優美的物理圖象上。愛因斯坦會說，一個新理論如果不是建立在簡單到孩童能夠明白的物理

① 編注：一九九三年諾貝爾物理學獎得主羅素・赫爾斯（Russell Hulse）及喬瑟夫・泰勒（Joseph Taylor Jr.）發現了新型脈衝星，為引力研究開闢了新的可能。

景象上，則可能是沒有價值的。

因此，這些物理圖象與愛因斯坦的科學思考產物，便成為本書寫作架構的原則，我將依序呈現其思考過程與偉大成就。

第一篇談到愛因斯坦在十六歲時最先想到的景象：若是和一道光束並肩賽跑，光束看起來會如何呢？這幅圖象可能是受到一本兒童讀物所啟發，愛因斯坦藉此解開當時兩大理論（即牛頓的重力理論及馬克士威的場理論）中對光的歧見。在過程中，他知道兩項偉大的理論中必有一項是錯的，結果是牛頓錯了。基本上，狹義相對論（最終將解開恆星與核能的祕密）全部都包含在這個概念裡了。

第二篇將會介紹另一幅圖象：愛因斯坦將行星想像成彈珠，繞著以恆星為中心的曲面運轉，藉此闡述重力起源於空間與時間彎曲的概念。他以平滑表面的曲率取代牛頓的作用力，提供重力論述一個全新、革命性的思考方式。在這個新架構裡，牛頓的「作用力」是空間自身彎曲所造成的錯覺，而這個簡單的圖象最後為我們帶來黑洞、大霹靂、宇宙終極命運等概念。

第三篇沒有圖象，主要想談論愛因斯坦當初未能提出一幅圖象，帶動「統一場論」（unified field theory）的發展，在人類兩千年來對物質與能量法則的探究上無法登峰造極。愛因斯坦的直覺開始失靈，因為彼時對於支配原子核與次原子粒子的作用幾乎一無所知。

然而，這份未完成的統一場論與他三十年來對「萬有理論」（theory of everything）的追尋，並非全然失敗，只不過直到最近這一點才獲得人們肯定。當時世人把他的追尋視為不智之舉，同為物理學家與傳記作家的亞伯拉罕．培斯（Abraham Pais）感嘆道：「接下來三十年他仍然研究不輟，不過要是他改去釣魚的話，就算聲名不添光采，倒也不至於減損。」換句話說，若是他在一九二五年而非一九五五年離開物理界的話，其名望應該更加登峰造極吧！

然而過去十年來，隨著「超弦理論」（superstring theory）或稱「M 理論」的新理論問世，統一場論已登上物理世界的中心舞台，物理學家重新評價愛因斯坦晚年研究及遺產，爭相找出萬有理論的解答，也儼然成為年輕有為科學家的最終目標了。過去，統一理論曾經被視為老物理學家的生涯墳場，現在則成為理論物理學的主流課題。

藉由本書，我希望能重新檢視愛因斯坦的開創性研究，簡單物理圖象更能正確描繪其恆久精神遺產的樣貌。他的洞見帶動了外太空與高等物理實驗室裡的革命性實驗，也帶領物理學界熱烈追尋他最珍貴的夢想——萬有理論。以這種方法探究愛因斯坦的生涯與研究，我想這會讓他最高興吧。

致謝

感謝普林斯頓大學圖書館館員的熱誠協助，其館藏有愛因斯坦全部手稿與原始文件影本，本書部分素材的取得皆因該單位的無私。也要感謝紐約市立大學的V．P．奈爾（V. P. Nair）教授與丹尼爾．葛林伯格（Daniel Greenberger）教授閱讀原稿，給予珍貴批評指教。此外，弗雷．傑若（Fred Jerome）取得美國聯邦調查局下關於愛因斯坦的龐大卷宗，與他談話使我獲益良多。我也要感謝埃德溫．巴伯（Edwin Barber）的支持鼓勵，以及傑西．柯亨（Jesse Cohen）給予可貴的編輯意見與修改建議，讓本書文稿更加精簡有力。對於這些年來代理本人許多科學書籍的斯圖亞特．科契夫斯基（Stuart Krichevsky），在此獻上無盡感激之意。

第一篇

第一張圖象：與光束賽跑

PART 1.

FIRST PICTURE: RACING A LIGHT BEAM

CHAPTER 1　PHYSICS BEFORE EINSTEIN

第一章

早在愛因斯坦以前的物理學

一名新聞記者曾經請求繼牛頓之後最偉大的科學天才愛因斯坦，能否說明成功之道，這位偉大的思考家想了一會兒後回答：「如果A代表成功，則成功的方程式為A=X+Y+Z，X是工作，Y是遊戲。」

記者再問：「Z是什麼呢？」

愛因斯坦答：「閉上嘴巴吧！」

讓物理學家、王公貴族、社會大眾難以忘懷的是愛因斯坦的博愛、寬厚、機智，無論是為世界和平努力，或是探索宇宙奧祕皆如是。

當這名物理爺爺走過普林斯頓市的街道時，連小朋友們也會探頭張望，他會扯扯耳朵做為回報。愛因斯坦尤其喜歡和一名五歲男童聊天，兩人常會一路走到高等研究院。有一天兩人照常一道散步時，愛因斯坦突然放聲大笑。媽媽趕緊問小兒子說了什麼，他照實說：「我是問愛因斯坦今天上過廁所沒？」媽媽大驚失色，不過愛因斯坦卻開心地說：「我很高興，有人問了一個我能回答的問題。」

如理論物理學家傑瑞米．伯恩斯坦（Jeremy Bernstein）曾經說過：「實際接觸過愛因斯坦的人，都會對其人格高貴感受深刻。『人道精神』幾個字一再被人提起……用來形容他仁愛寬厚的真性情。」

不論對乞丐、孩童與皇室，愛因斯坦一律包容寬厚，對於科學聖殿裡的諸位先賢也慷慨相待。雖然科學家和一般知識分子一樣，可能會互相輕視、嫉妒、出言相譏，但愛因斯坦不做這種事，反倒將自己的思想源頭，歸溯於前輩物理大師如牛頓與詹姆斯．馬克士威（James Maxwell）等人身上，他還在房間裡的書桌與牆壁上，陳列這些物理巨人的肖像。在二十世紀初，牛頓的力學與重力研究，以及馬克士威對光的研究，並列為科學界兩大支柱，兩人的成就幾乎涵蓋當時所有的物理知識。

牛頓的力學

人們經常會忘記在牛頓之前，天地間物體的運動幾乎完全無從解釋起，許多人相信命運是神靈造化。即使在歐洲最頂尖的學術中心，也常熱烈討論巫師、巫術與迷信等話題。現今我們所稱、所想的科學，當初並不存在。

希臘哲學家與基督教神學家還寫道，物體移動和人類一樣是出於欲望與感情。對於亞里斯多德派而言，運動中的物體最終會慢下來，是因為它們「累了」；物體掉落在地面上，是因為它們「渴望」與地面重逢。

將神靈說「撥亂反正」的牛頓，氣質性格皆與愛因斯坦恰恰相反。愛因斯坦總是不吝於分享，而且一出口即登上頭條，輕易搏得新聞界喜愛；牛頓則是出名的避世，甚至有偏執傾向。由於常常懷疑別人的不是，牛頓長年與其他科學家爭執科學上誰先誰後的問題。他的沉默寡言又是一項傳奇，一六八九年到一六九〇年他擔任英國國會議員時，在國會殿堂上唯一留下的一次發言紀錄，是因為覺得有風吹而要求把窗戶關上。根據其傳記作家理察・魏斯特福（Richard S. Westfall）的說法，牛頓是「深受折磨、異常神經質的人，中年時期幾乎都在崩潰邊緣度過」。

但是在科學上，牛頓與愛因斯坦是真正的大師，有許多共同的重要特質。兩人都會全心投入工作數周數月，直到精疲力盡也不肯罷休；兩人也都具備以簡單圖象理解宇宙奧妙的能力。

一六六六年當牛頓二十三歲時，他擺脫了亞里斯多德派神靈思想的糾纏，創造以「力」（force）做為基礎的新力學。牛頓提出三項運動法則，指物體運動是因為受力推拉，這些作用力可經精確測量，而且可以用簡單的式子表達。牛頓不去揣測物體運動的欲望，他求出物體受作用力總和，因此能夠計算各種物體的運動軌跡，包括落葉、火箭、大砲與雲朵。這不只是學術層面問題，其具體實錢更為工業革命奠定基礎，讓火車與船隻的蒸氣機動力打造了新帝國。如今可以順利建造橋梁、水壩與摩天大樓等，是因為我們可以算出一磚一瓦所承受的壓力。牛頓的作用力理論獲得前所未有的勝利，使他在世時便得名天下。詩人亞歷山大・波普（Alexander Pope）歌頌道：

自然及其法則隱藏於晦夜之中，
神諭「牛頓出世吧！」，天下大明。

牛頓運用作用力理論解釋宇宙萬象，並提出新的重力理論。他喜歡訴說自己當年在劍橋大學因黑死病被迫關閉後，如何回到林肯夏郡烏爾索普鎮（Woolsthrope）家裡的故事。有一天他看到園子裡一顆蘋果從樹上掉落，問了自己一個關鍵的問題：如果蘋果會掉落，則月球也會掉落嗎？作用在地上蘋果的重力，會不會與指引天體運動的作用力相同呢？這在當時是異端邪說，竟然聲稱應當遵守完美天體法則而在固定球面上運行的行星，會受地球上代表詭譎人性的罪贖法則所支配！

靈光一閃下，牛頓了解到自己能結合地球與天體物理的理論。將蘋果拉下地面的作用力，與遠及月球並引導其路徑的作用力一定相同。他無意中開啟了新的重力觀點，想像自己坐在山頂上丟石頭，石頭越快丟出，便可越丟越遠。但是他又有了關鍵性躍進：如果將石頭丟得太快而永遠回不來，那會如何呢？牛頓理解到，在重力作用下持續掉落的石頭將不會撞到地面，而是會繞圈子，最後回到所有者這邊，並撞上其後腦勺。利用這種新觀點，他把石頭換成月球，月球會持續往下掉落但永遠不會撞到地面上，因為月球和石頭一樣，完全以圓形軌道繞著地球轉。月球並非如教會所稱是靜止在天球上，而是像石頭或蘋果一般不斷受重力引導，從而自由掉落。這是首度有人解釋太陽系運動的緣由。

二十年後，一六八二年的倫敦對於照亮夜空的一顆彗星又驚又奇。牛頓用自己發明的反射式望遠鏡，仔細追蹤這顆彗星的運動，結果他有了發現，假定彗星是自由落體並受重力作用，則其運動將會完美地符合公式。在業餘天文學家埃德蒙．哈雷（Edmund Halley）的幫助下，牛頓可以準確預測這顆（哈雷）彗星何時會再回來，這是對彗星運動的首度預測。牛頓用來計算哈雷彗星與月球運動的重力法則，正是今日美國太空總署（ＮＡＳＡ）用來指引太空探測器精準通過天王星與海王星時所使用的法則。

根據牛頓，這些力皆屬於瞬間作用。例如，太陽如果突然消失，牛頓相信地球將會立刻脫離軌道，並迷失在深邃的太空裡，宇宙中每個人都會在同一時間知道太陽消失了。因此，我們有可能將每支錶調成同步，讓他們在宇宙裡每個角落整齊畫一地走著，地球上的一秒與火星、木星上的一秒一樣長。和時間一樣，空間也是絕對的，地球上的量尺長度與火星、木星上的一樣長，在宇宙任何角落都不會改變。因此，無論我們旅行到太空何處，分秒與長度處處都是相同的。

因此，牛頓的觀點建立在時間與空間為絕對的概念上。在牛頓看來，空間與時間形成絕對的參考座標，讓我們可據此判斷所有物體的運動。例如搭火車，我們相信火車在移動，而地球是靜止的。但是當看到樹木從車窗飛逝而過時，我們也可以猜想或許火車是靜止，而樹木是被運送經過窗戶的。既然火車裡的每件物體似乎都沒有移動，我們可以問：真正在移動的東西到底是什麼，是火車、還是樹木？牛頓認為，絕對參考架構可以找出答案。

馬克士威的場理論

長達兩百多年的時間，牛頓定律一直是物理學的基礎。接著在十九世紀末，電報與燈泡等新發明為歐洲大城市帶來革命性突破，電學研究也為科學注入新活水。為解釋神祕的電力與磁力，一八六〇年代劍橋大學的蘇格蘭物理學家馬克士威，提出一種光的理論，他不是依據牛頓的作用力，而是稱為「場」（fields）的新概念。愛因斯坦寫道，場是「自牛頓之後，物理學上最深奧也最有用的概念。」

當我們將鐵粉灑在一張紙上，便可以看到場效應。若紙面下放置磁鐵時，鐵粉會神奇地排列成蜘蛛網的圖案，鐵線呈北極到南極分布。在任何磁鐵周圍都有磁場，即朝著各方向、看不見的作用力線集合。

電也會製造場。在科學博覽會上，孩童常會因為手碰觸靜電源，使頭髮豎起而開懷大笑，這些頭髮正畫出從靜電源生出、看不見的電場線。

然而，這些電場與牛頓所提出的作用力大為不同。牛頓認為力同時作用於太空各處，所以宇宙某部分的擾動將會同時在宇宙各處感受到。馬克士威則洞察到，磁效應與電效應不會像牛頓的作用力瞬間傳遞，而是以一定速度移動。其傳記作家馬丁・高曼(Martin Goldman)寫道：「磁作用需要『時間』的概念……馬克士威似乎是憑空想出。」馬克士威證明，在搖晃磁條時，鄰近的鐵粉需要一段時間才會移動。

想像在風中顫動的一張蜘蛛網，網中某個部分受風擾動時會產生波動，進而擴散到整張蛛網；場與蛛網容許以一定速度前進的振動存在，和作用力的情況並不相同。馬克士威進一步計算這些磁、電效應的速度，他利用這個想法解決了光的奧祕，這會成為十九世紀最具突破性的思考之一。

馬克士威從麥可・法拉弟（Michael Faraday）等人早期的研究知道，移動的磁場可製造電場，反之亦然。為世界帶來電力的發電機與馬達，便是這種正逆反應的直接結果。（這項原則被用來照亮家家戶戶。以水壩為例，流水會轉動渦輪，再轉動磁鐵，而轉動的磁場會推動線圈裡的電子，電子在高伏特的線圈裡前進，最後到達客廳牆壁上的插座。吸塵器也一樣，電從插座流出而創造磁場，使馬達葉片旋轉。）

馬克士威的天才之處，在於他結合兩種效應。若變動的磁場會創造電場，且反之亦然，則也許兩者能形成循環，電場與磁場彼此不斷生成、變為彼此。馬克士威很快了解到，這種循環模式會創造移動的電磁場序列，一波接一波地不停互相轉換，形成和諧的振動波。接下來，他開始計算此波速。

結果他驚訝地發現，這個速度正是光速！他更進一步宣稱這波動正是光，這也許是十九世紀最具革命性的聲明了。馬克士威接著以先知的口吻對同事宣告：「我們難以逃避這項結論：光是由電、磁現象的介質振動所產生的波動。」一千百年來人類為光的本質傷透腦筋，科學家終於解開其最深奧的祕密。不像牛頓的作用力是同時發生的，這些場以一定速度前進，也就是光速。

馬克士威的研究可濃縮成八個艱難的偏微分方程式（一般稱為馬克士威方程式），成為過去一百五十年來每個電機工程師與物理學家必須背誦的式子。（今日我們可以買到印有八道著名方程式的T恤，開頭寫道：「起初，神說……」，最後一句則是「……於是就有了光。」）

物理學兩大支柱的扞格

在十九世紀末，牛頓與馬克士威理論的相關實驗獲得豐碩成果，這使得物理學家十分肯定地預測道，這兩大科學支柱已經回答了宇宙的所有基本課題。當馬克斯・普朗克（Max Planck，量子理論之父）就成為物理學家一事前去請教導師意見時，導師還曾勸他換個方向，因為物理研究基本上都已結束，沒有真正新的東西等待發現了。十九世紀偉大的物理學家凱爾文勳爵（Lord Kelvin）也呼應這類說法，他宣告物理研究根本上已完成，除了少數地平線上的小小「烏雲」尚無從解釋起。

但是年過一年，牛頓世界的缺陷變得越加明顯，例如瑪麗・居里（Marie Curie，舊多譯居里夫人）對於分離鐳與輻射等研究，便撼動了科學界，並引起了大眾的想像。這種會發亮的稀有元素，即使只有幾盎斯也能照亮漆黑的房間。瑪麗・居里也證明，原子內部某處似乎能夠產生無窮無盡的能量，但這違背了能量守恆法則，因為能量應該是無法加以破壞或創造的。結果，這些小小的「烏雲」很快催生了二十世紀兩大變生革命，即相對論與量子理論。

最令人不安的是，任何嘗試合併牛頓力學與馬克士威理論的努力都失敗了。馬克士威的理論肯定了光是一種波動，但是卻留下一個問題：在波動的究竟是什麼？科學家知道光能在真空裡行進（事實上光可以在真空的外太空裡，從遠方恆星傳遞數百萬年之久），但既然真空的定義是「空無一物」，這又留下「沒有東西在波動」的矛盾了。

牛頓派物理學家試圖回答這個問題時，提出光的組成是看不見的「以太」（aether）當中振動的波，而以太是一種充滿在宇宙中的靜止氣體。以太應當是絕對參考系，可以測量所有速度。懷疑論者可能會說，既然地球繞太陽轉、太陽繞銀河系轉，那麼應該不可能知道哪一個真正在轉動？牛頓派物理學家則回應，太陽系相對於靜止的以太運轉著，所以可以決定哪一個真正在轉動。

然而，科學家開始賦予以太越來越多神祕又奇怪的特性。例如，物理學家知道光在密度高的介質裡傳遞較快，所以聲音振動在水裡比在空氣裡傳遞更快。然而，既然光速快得如此神奇（每秒約三十萬公里），意謂以太的密度必定大得不可思議。但這怎麼可能呢？因為以太也應當比空氣更輕啊！在仔細檢視下，以太變成一種神祕的物質：它絕對靜止、沒有重量、無法看見、黏滯度為零、比鋼鐵更硬，而且儀器完全偵測不到！

到一九〇〇年時，牛頓力學的缺陷變得越來越難解釋。世界準備好革命了，但由誰來領導呢？雖然物理學家知道以太理論的漏洞，但是他們怯生生地在牛頓架構裡試圖修補這些破洞。愛因斯坦沒有擔心失敗的包袱，反倒能夠擊中問題要害：牛頓作用力與馬克士威場論是不相容的！兩大科學支柱之一必然有錯。當其中一根支柱最終倒下時，兩百多年的物理學就此天翻地覆，並且革新我們對宇宙與真實的視野。牛頓物理將會被愛因斯坦推翻，而他用的概念簡單到小孩都能理解。

第二章 年少求學時期

這位永遠改寫我們對宇宙認知的人士，於一八七九年三月十四日誕生在德國小鎮烏爾姆（Ulm）。雙親赫曼・愛因斯坦（Hermann Einstein）與寶琳・愛因斯坦（Pauline Koch Einstein）非常難過兒子的頭顱變形了，只得祈禱他的智能不會有問題。

愛因斯坦的父母是平凡的中產階級猶太人，努力撐起逐漸成長的小家庭。寶琳家境富裕，其父親朱利亞斯・德茲巴赫（Julius Derzbacher，後來改姓為科霍〔Koch〕）從糕餅師傅改行穀物買賣，從此發跡致富。寶琳受過教育，堅持子女必須學習音樂，因此愛因斯坦從小就與小提琴結下不解之緣。赫曼則與岳父不同，他不太會做生意，一開始是賣羽毛床，後來哥哥雅各（Jakob）力勸他從事新興的電化產業。當時法拉弟、馬克士威與愛迪生等人的發明促成電力應用，使得世界各大城市逐漸走向電氣化，赫曼也看到發電機與電燈所打造的光明未來。然而這行生意卻不穩定，讓愛因斯坦的家裡一再陷入經濟危機與破產，並迫使一家人在愛因斯坦童年時搬遷數次，包括他出生一年後舉家搬至慕尼黑。

小愛因斯坦很晚才學說話，晚到父母擔心他可能智能不足。但是當他最後開口說話時，吐出的卻是完整句子。不過即使到了九歲，他話說得還不是頂好。家裡唯一的手足是妹妹瑪雅（Maja），比他小兩歲。（起初小艾伯特面對這位新成員時感到很困惑，他說的話包括「她怎麼沒有輪子呢？」）當艾伯特的小妹妹可不好玩，因為他很調皮搗蛋，習慣丟東西到她頭上。後來她感嘆道：「要當思想家的妹妹，一定要有強壯的頭殼才行。」

不同於一般迷思，愛因斯坦在學校是個好學生，但只有喜歡的科目如數學與科學才表現良好。德國的教育制度鼓勵學生死記硬背，回答簡答題，否則可能會被痛敲關節處罰。這種令人窒息的權威體制只講求填鴨式練習，以抹殺創意與想像力來荼毒學生，而年幼的艾伯特用字小心，說話緩慢、猶豫，所以從來不是師長眼中的完美學生。當他父親詢問校長說艾伯特應該追求哪方面的志向時，校長回答道：「沒有差別，他永遠也成不了什麼事。」

愛因斯坦的作風早年便養成如斯。他十分愛做夢，常常迷失在思考或閱讀裡。同學習慣嘲笑他是「Biedermeier」，也就是「書呆子」的意思。一位朋友記得：「同學視艾伯特是怪胎，因為他對運動毫無興趣。老師認為他很笨，因為他不擅背誦，而且舉止怪異。」到十歲時，艾伯特進入慕尼黑的盧波特預科學校（Luitpold Gymnasium）唸書，最苦惱的酷刑是學古希臘文。他會坐在椅子上傻笑以掩飾無聊，結果七年級的希臘文老師赫爾・德根哈（Herr Degenhart）曾當面告訴艾伯特，他不在教室裡會比較好。當愛因斯坦抗議自己並沒有做錯事情時，老師講得很直接：「對，沒有錯。但是你坐在後排笑，就是不夠尊重老師。」

即使是數十年之後，愛因斯坦仍然對當年權威教育留下的瘡疤耿耿於懷：「現代教育方法未完全扼殺至高無上的求知心，這真說得上是奇蹟一樁。對待一株稚嫩的小幼苗，除了刺激啟發之外，更加需要自由。」

愛因斯坦對於科學的興趣很早萌芽，打從遇上磁力那刻便開始了，他還稱那是「第一次奇蹟」。當時父親給他一個羅盤，看不見的力量竟可以讓物體轉動，他對此十分著迷。愛因斯坦愉快憶當年：「在我四、五歲時，父親指著一只羅盤針給我看……真是太奇妙了，我記憶猶新……這個經驗讓我留下深刻印象。……事物背後必然隱藏著某種東西。」

但是到了快十一歲時，愛因斯坦的人生意外轉彎，他潛心宗教。一位遠親到家裡傳授猶太信仰，他一頭栽進去，狂熱得不得了。他不肯吃豬肉，還作了幾百首曲子讚美上帝，一路哼唱著上學去。不過這段宗教狂熱期並未持續太久，當愛因斯坦越深入研究教義，越發明白宗教世界與科學世界是互相衝突的。在宗教書籍裡記述的諸多奇蹟，實際上違背科學法則。於是他得到結論：「當我看過幾本科普讀物後，很快就明白《聖經》裡許多故事不可能是真的。」

就像他突然投身宗教，他也突然抽離出來，不過這段宗教狂熱期對於他日後的思考也留下深沉影響。這種轉變首先可以從他排斥欠缺思考的權威看出來，也成為他一生中重要的人格特點，從此愛因斯坦再也不毫無質疑地接受權威人物的話。不過，雖然他認定聖經教義無法與科學妥協，但他也認為宇宙有科學無法觸及的疆界，人們應該深刻體會到科學與人類思考的局限。

踏上科學探索之路

然而，這一切若缺乏良師引導，小艾伯特早年對於羅盤、科學、宗教等等的興趣恐會無疾而終。一八八九年時，有位波蘭來的窮學生馬克斯·塔木德（Max Talmud）在慕尼黑習醫，每星期都會到愛因斯坦家裡用晚餐。塔木德帶領愛因斯坦領略科學之美，方式與平日課堂枯燥乏味的死記背誦截然不同。數年後，塔木德愉悅想起：「這些年當中，我從未看過他讀任何小說，也沒見過他與同學或年紀相當的男孩一塊兒玩耍。他唯一的消遣是音樂，他已經會演奏莫札特與貝多芬奏鳴曲，常由母親擔任伴奏。」塔木德給愛因斯坦一本幾何學的書，結果他迷得廢寢忘食。愛因斯坦稱這本書是他的「第二個奇蹟」，他寫道：「十二歲時，我接觸到第二個與眾不同的神奇之物：一本談歐幾里德平面幾何學的小書。」他稱這為「神聖幾何書」，還看做是自己的新《聖經》。

至此，愛因斯坦終於接觸到純粹思考的領域。雖然沒有昂貴的實驗室或設備，但是他已能探索宇宙真實，這當中只會受到人類心智能力的限制。妹妹瑪雅觀察到，數學已成為艾伯特無窮無盡的快樂泉源，特別是牽涉到有趣的謎題與祕密時。他向妹妹吹牛，說自己獨立證明了直角三角形的畢氏定理。

愛因斯坦的數學讀物並非僅只於此，最後他自學微積分，讓家教嚇了一跳。塔木德承認：「很快地，他的數學才能一飛沖天，我再也追不上了……因此，哲學常是我們談話的主題，我建議他讀康德。」塔木德帶領愛因斯坦接觸康德的世界與其著作《純粹理性批判》（*Critique of Pure Reason*），這培養愛因斯坦終生對於哲學的興趣。他開始思考所有哲學家永遠都會面對的問題，例如道德起源、上帝存在及戰爭本質。特別是康德持有非正統的觀點，甚至曾對上帝存在與否提出質疑，並嘲笑古典哲學的浮誇炫耀，「滿是空話」（或如羅馬雄辯家西塞羅稱：「不論再怎麼荒謬絕頂的事情，都被哲學家提起過」)。康德也主張世界政治為終結戰爭之道，這也成為愛因斯坦日後抱持的終生觀點。曾有一度愛因斯坦深受康德的想法所感召，甚至考慮成為哲學家，不過他父親希望兒子的職業更實際些，把他想當哲學家的念頭斥為「哲學謬論」。

幸運的是，因為愛因斯坦父親做電化生意，工廠裡滿是發電機、馬達等等玩意，這滋養了他的好奇心，並激發出科學興趣。(當時赫曼與哥哥雅各正在爭取一大筆工程合約，預計將慕尼黑的市中心電氣化。赫曼夢想能參與這項歷史性工程，而且若能接成這筆生意，可以穩定家計，又可以擴大電氣工廠。)

愛因斯坦身邊圍繞著一大堆神奇的電磁機械，無怪乎喚醒他對電與磁的天生直覺，特別也鍛鍊了他日後能夠發展出具體具象想法的能力，並得以精準描繪出自然法則。相較於許多科學家鎮日埋首於晦澀抽象的數學上，愛因斯坦看見的物理法則有如圖片清楚又簡單。也許這份敏銳的能力可追溯到這段快樂的時光，他常盯著父親工廠裡的各種新鮮玩意，一邊思考著電磁法則。這項以具體圖象來看待每件事的能力，正是愛因斯坦成為一名偉大物理學家的重要特徵之一。

十五歲時，愛因斯坦的教育因家裡一再發生財務危機而受到擾亂。赫曼不像大部分成功的生意人有著鐵石心腸（艾伯特後來也繼承了相同的慷慨胸懷），他總是不吝幫助有財務問題的人們，結果大方卻帶來問題。由於最後做不成照亮慕尼黑的生意，電氣公司破產了。那時寶琳富有的娘家移居到義大利的熱那亞（Genoa），願意幫助赫曼另開一家新公司。但是有一個條件，堅持他們全家搬到義大利（部分原因是這樣可就近監管赫曼不知節制、過分慷慨的衝動），於是他們舉家搬遷米蘭，在附近的帕維亞（Pavia）開辦一家新工廠。由於不想中斷兒子的教育，赫曼將艾伯特留給慕尼黑的遠房親戚照顧。

孤單一人的艾伯特很悲慘，被困在他討厭的住宿學校裡，又可能要到可怕的普魯士軍隊服兵役。老師們不喜歡他，他也不喜歡老師。眼見快要被退學了，愛因斯坦衝動之下決定回到家人身邊。他請家庭醫生開一張證明讓他離開學校，指他若不與家人團圓，恐怕就要精神崩潰了。然後他一個人回到義大利的家門前，把父母嚇了一大跳。

赫曼與寶琳對於兒子的情況感到十分棘手，他逃避兵役、高中輟學、無一技之長又沒有工作，當然也沒有未來。他與父親爭辯許久，父親希望他能做點實際的工作如電子工程師，而愛因斯坦則比較想做哲學家。最後兩人妥協了，艾伯特宣布他要進入著名的蘇黎世技術學院（Zurich Polytechnic Institute in Switzerland），即使他比一般參加入學考試的學生還小兩歲。有一項好處是技術學院不要求中學文憑，只要通過困難的入學考試即可。

不幸地，愛因斯坦考試失敗了，法文、化學與生物都不及格，但是在數學與物理方面表現相當優越，結果讓校長阿爾賓·赫索（Albin Herzog）印象深刻，准許第二年讓他入學，而且不用再考恐怖的入學考試了。另外，物理系系主任海因里希·韋伯（Heinrich Weber）甚至願意讓愛因斯坦旁聽物理課。赫索建議愛因斯坦利用這一年時間，先在蘇黎世西邊三十分鐘遠的阿勞（Aarau）唸中學，最後他寄宿在學校理事長約斯特·溫特勒（Jost Winteler）家裡，兩家也建立終生情誼。（瑪雅後來嫁給溫特勒的兒子保羅，愛因斯坦的朋友貝索則娶了溫特勒的長女安娜。）

愛因斯坦享受學校裡輕鬆自由的氣氛，可以擺脫德國制度的權威壓迫式管理。他喜愛瑞士人的寬容大度，重視容忍與獨立的精神。愛因斯坦快樂地回憶：「我熱愛瑞士，他們比我曾經一起生活過的人都更具人性。」由於他對德國唸書的歲月僅剩下糟糕的記憶，愛因斯坦決定宣布放棄德國國籍，這對一個少年而言實在是驚人之舉。後來，他有五年的時間沒有國籍，直到最後變成瑞士公民為止。

艾伯特在這種更自由的氣氛下茁壯成長，開始從害羞、緊張、退縮、孤行者的形象蛻變，成為外向、合群、可以談天並與之結為莫逆之交的人。瑪雅特別注意到哥哥的新轉變，他蛻變成為獨立成熟的思考者。愛因斯坦的性格在一生中經歷幾次明顯的轉變階段，第一個是唷書、退縮與內向的階段。在義大利，尤其在瑞士時，他進入第二個階段：是不拘小節、神氣又隨性的波希米亞風格，話裡總是充滿機鋒，雙關語可把旁人逗得樂不可支。他最樂的事情，便是說蠢笑話讓朋友笑得滿地打滾了。

有人叫他「痞子」（cheeky Swabian）。一位同學漢斯・畢蘭德（Hans Byland）捕捉住愛因斯坦突出的性格：「不論誰接近他，都會被他獨特的氣質所擄獲。他的嘴唇厚嘟嘟，下唇又突出，但卻不會招致俗氣之徒的嘲笑。他不受傳統拘束，以談笑哲學家的姿態迎戰世界，用詼諧和諷刺毫不留情地指責所有虛榮造作。」

據大家說，這位「談笑哲學家」長大後也受到女孩子的歡迎。他會說俏皮話調情，女孩子也覺得他體貼有同情心，是值得信任的人。有朋友問他該如何處理與男朋友之間的感情問題，另一個朋友請他在紀念冊留言，結果他題了一段戲謔的打油詩。他會拉小提琴的特長，又獲得更多人鍾愛，成為派對炙手可熱的受邀對象。這個時期的信件也顯示，他在需要有絃樂器為鋼琴伴奏的婦女團體中特別受到歡迎。傳記作家阿爾布雷希特・弗爾森（Albrecht Folsing）便寫道：「許多女人不分老少都愛慕他，不只是因為他會演奏小提琴，也為其外貌風采所傾倒，他看起來像是熱情的拉丁演奏者，而不是唸科學的書呆子。」

有個女孩特別吸引他注意。當時十六歲的愛因斯坦，熱烈地愛上溫特勒的一個女兒瑪麗，她比愛因斯坦大兩歲（愛因斯坦一生中所有重要的女性都比他年紀大，他的幾個兒子也有此傾向）。瑪麗心腸好、細心、有才華，希望像父親一樣當老師。他們倆經常一道散步賞鳥，這也是溫特勒家人的共同嗜好。另外，艾伯特也會在瑪麗彈鋼琴時以小提琴為她伴奏。

於是，艾伯特向瑪麗告白：「摯愛的……我的天使，我已經完全明白思念與渴望的意義。但是愛所賜與的幸福，遠勝過渴慕給予的痛苦。我到現在才明白，妳這可愛的小陽光對於我的幸福是如此不可或缺。」瑪麗回報艾伯特的熱情，甚至寫信給愛因斯坦的母親，結果她同意了兩人交往。兩家已開始期待看到兩人宣布婚事的那天，然而瑪麗卻覺得與愛人談到科學時，有點不足應對，並且認為男友投入科學如此深切，有可能會成為兩人關係中的問題。她也明白，自己必須與愛因斯坦最早的真愛「物理」競爭。

與光賽跑的白日夢

攫取愛因斯坦注意的不僅是對瑪麗日益加深的感情，也包括他對於光、電祕密的狂戀。在一八九五年夏天，他獨自寫了一篇光與以太的論文，標題是〈對於磁場中以太狀態之研究〉，寄給住在比利時、他最喜愛的伯父西撒（Caesar Koch）。這篇論文只有五頁長，是愛因斯坦最早的一篇科學論文，提到他自孩提時最感著迷的一種神祕力量「磁場」，應可視為以太裡的某種騷動。幾年之前，塔木德介紹愛因斯坦看艾隆．伯恩斯坦（Aaron Bernstein）的《自然科學之科普讀物》（*Popular Books on Natural Science*），愛因斯坦曾寫說這本書「讓我屏息閱讀」。這本書對他造成了重大衝擊，當中作者還討論到神祕的電力。伯恩斯坦請讀者在電報線裡來一趟想像奇旅，以奇妙的速度與電子訊號一同賽跑。

十六歲的愛因斯坦做了一個白日夢，讓他有個頓悟，他也在日後扭轉了人類歷史的軌道。也許是記得伯恩斯坦書裡所寫的奇妙旅程，愛因斯坦幻想自己與一道光速一起賽跑，並問了一個關鍵問題：這道光束看起來如何？就像牛頓想像把石頭丟出去，直到石頭像月球般繞著地球轉，愛因斯坦的認真想像，這下產生了驚奇深遠的結果。

在牛頓的世界裡，若是運動夠快的話，可以追上任何物體，例如速度飛快的汽車可以跟火車一起跑。若你往火車裡瞧，可看見旅客喝茶看報如同坐在家裡客廳般。雖然旅客速度很快，但是若坐在速度一樣快的汽車裡，我們可以看見火車乘客如同完全靜止一般。

同樣的，想像警察正在追趕超速的車子。當警車加速追上，與汽車並駛的時候，警察可對車內駕駛揮手，要求停車受檢。對警察而言，汽車駕駛看起來像是靜止的，雖然兩人的時速正超過百哩以上。

物理學家知道光是由波組成，所以愛因斯坦理解到若能與光束並跑，則光束應是完全靜止的，意即對於跑步的人來說，光束看起來就像凍住的波，是波的靜止照片，光束並不會隨時間振動。不過年輕的愛因斯坦覺得這一點也不合理，因為沒有人看過凍住的波，在科學文獻裡也沒有這般記載。對於愛因斯坦來說，光是特別的，我們不可能追上光束，凍住的光並不存在。

他已經在無意之間做出這偉大的科學觀察，最後致使相對論原理的誕生，不過當時他還不知道這一點。他後來寫道：「這項原理來自於十六歲時我想到的一項矛盾，如果我以c的速度（即光在真空中的速度）追一道光束，應該觀察到該道光束是……靜止的。但是，不管是從實際經驗，或是根據馬克士威方程式來說，似乎沒有這種東西。」

正是愛因斯坦所具備的能力，抽離出各種現象背後的關鍵原理，並整合出精簡扼要的觀點，這使他成為開啟科學革命的前鋒。愛因斯坦不像一些科學家常常迷失在數學裡，他以簡單的物理圖象做思考，如高速火車、下墜的電梯、火箭與移動的時鐘等，這些圖象準確帶領他發現了二十世紀最偉大的觀念。他寫道：「所有的物理理論（數學式子除外），應該都能用簡單到孩童也能懂的話來描述。」

在一八九五年秋天，愛因斯坦終於進入蘇黎士技術學院，自此展開人生新的一頁。他覺得，這是第一次自己能接觸到全歐陸都在熱烈探討的最新物理學發展，他知道革命風潮正在襲捲物理世界，許多新實驗正在進行，最終更挑戰了牛頓與古典物理的法則。

在蘇黎士技術學院時，愛因斯坦想要學習關於光的新理論，特別是馬克士威方程式，他後來寫道：「這是我當學生時最吸引人的科目。」當愛因斯坦最後終於學到馬克士威方程式，他自此才能回答長久以來心裡的疑問。正如他所猜想，他發現馬克士威方程式裡不存在光波凍住的解。但是他的發現不只如此，令他感到震驚的是，不管你移動得多快，在馬克士威的理論裡光束總是以相同速度前進。現在終於找到這個謎題的最後答案：你永遠不可能追上一道光束，因為光束總是以相同速度超越你而去。這個結論違反他對世界的常識觀點，他得花好幾年才解開這項重要觀察所得到的矛盾：光總是以相同速度前進。

教授不曾看好的學生

革命的時代需要革新的理論以及大膽的領導者。可惜愛因斯坦在蘇黎士技術學院裡並未遇到這樣的領導人物。老師喜歡沉浸在古典物理中，所以愛因斯坦便蹺課自修，大多數時間花在實驗室或自己研讀新理論。教授認為他經常缺課是個性怠惰所致，這些老師又再一次低估這名學生了。

其中一位老師是物理系的教授韋伯，當年他對愛因斯坦的入學考試表現大為讚賞，並且允許他到課堂旁聽，甚至承諾在愛因斯坦畢業後，可以留下來當助理。不過隨著時間過去，韋伯開始討厭愛因斯坦沒有耐心且藐視權威的姿態，最後教授不再支持他了，明白表示：「愛因斯坦你是個聰明的孩子，非常聰明的孩子，但是你犯了一個大錯，你聽不進任何話。」物理系導師讓．沛尼（Jean Pernet）也不喜歡愛因斯坦，有一回愛因斯坦看都不看一眼實驗課手冊，便丟進垃圾筒，這使沛尼覺得受到侮辱。不過沛尼的助教為愛因斯坦辯護，指說愛因斯坦雖然不是循規蹈矩的學生，但是他的答案每次都是對的。沛尼還是訓斥了愛因斯坦：「你很熱衷物理，但你是沒有希望的。為了你自己好，你應該換到別的科系，像是醫學、文學或法律都好。」

又有一回，愛因斯坦撕毀實驗說明，結果意外引起一場爆炸而使右手受重傷，還需要縫上幾針。他與沛尼的關係降到最低點，沛尼給他「1」的成績，這是差到不能再差的成績。另外，數學教授赫曼・明科夫斯基（Hermann Minkowski）甚至叫愛因斯坦是「懶狗」。

相對於教授的鄙視，愛因斯坦在蘇黎世結交到終生摯友。那年他們物理課上只有五名學生，他有機會好好認識全部同學。其中一人是數學系的馬歇爾・格羅斯曼（Marcel Grossman），每堂課的筆記鉅細靡遺。因為他的筆記做得太好了，結果愛因斯坦經常沒去上課而向他借筆記，考試還常拿到比格羅斯曼更好的成績（至今格羅斯曼的筆記仍保存在學校裡）。格羅斯曼向愛因斯坦的母親吐露，「偉大的事情」有朝一日一定會發生在愛因斯坦的身上。

但是吸引愛因斯坦注意的是班上另一名同學，來自塞爾維亞的女孩米列娃・馬里奇（Mileva Maric）。當時很少有物理學生來自於巴爾幹半島，更別說是女生了。米列娃個性堅毅，她決定隻身到瑞士求學，是因為這是唯一講德語並願意讓女孩子進入大學的國家，她也是第五個獲准進入蘇黎士技術學院唸物理的女生。愛因斯坦遇到旗鼓相當的對象了，這個女孩懂得他摯愛的語言「物理」。愛因斯坦對她情不自禁，於是很快與瑪麗分手了。他幻想自己和米列娃能夠變成物理系教授，共同獲得重大發現。很快地，他們無可救藥地陷入熱戀，當兩人因假期分隔兩地時，他們會交換情感濃烈的長封情書，並以可愛的暱稱互稱彼此，像是「強尼」與「桃莉」。愛因斯坦寫情詩給米列娃，也會說些甜言蜜語：「我可以到任何想去的地方，但我不屬於任何地方。我思念妳那雙小手臂，以及充滿柔軟甜蜜親吻的動人雙唇。」愛因斯坦與米列娃書信往返逾四百三十封，往後都由他們的一個兒子保存下來。（當年兩人生活幾近貧困，就只差債主登門討債了，但諷刺的是，最近有幾封書信在拍賣場上以四十萬美元賣出。）

愛因斯坦的朋友不明白他在米列娃身上看到什麼。愛因斯坦個性外向又詼諧幽默，而大他四歲的米列娃則陰鬱多了，她陰沉不定、極為內向，且不信任他人，又因為天生長短腳而明顯跛腳，這也使得她更為孤立。朋友會在背後說她妹妹卓爾卡（Zorka）的怪異行徑，最後卓爾卡因精神分裂症而住進療養院。但最重要的是，米列娃的社會地位受到質疑，就像有時瑞士人會看輕猶太人，有時猶太人也會看輕南歐人，特別是巴爾幹人。

反過來看，米列娃十分清楚愛因斯坦的個性，他的聰穎與藐視權威皆眾所周知。她知道他已放棄德國國籍，更對戰爭與和平抱持與眾不同的觀點。她寫道：「我的甜心愛耍嘴皮，還是個不折不扣的猶太人。」

然而愛因斯坦與米列娃交往越深，與父母間的裂隙越大。他的母親先前應允他與瑪麗交往，現在則徹底討厭米列娃，認為她遠遠配不上艾伯特，缺點是年紀太大、身體太差、沒有女人味、太陰鬱不定，以及太塞爾維亞了，恐怕會毀掉愛因斯坦與家裡的名聲。愛因斯坦的母親向一位友人吐露心情：「這位馬里奇小姐讓我的人生極為痛苦，如果我有能力的話，我會盡一切努力讓她消失在地平線上，但是我已經失去對艾伯特的所有影響力了。」她警告兒子：「等你到三十歲的時候，她已經是老巫婆了。」但是愛因斯坦決意要與米列娃交往，即便這意謂著他們關係緊密的小家庭將會決裂。有一次愛因斯坦的母親來探望兒子，問道：「那她以後呢？」愛因斯坦回答：「她會變成我太太。」母親聞言撲倒在床上，不可自抑地啜泣，指控他為了一個

「出身不佳」的女人而自毀前程。面對父母親的強烈反對，愛因斯坦只好暫擱與米列娃結婚的念頭，等到他畢業後找到好工作再說。

初入社會的困頓

一九〇〇年愛因斯坦終於從蘇黎士技術學院物理及數學雙學位畢業，但是他的運氣不佳。原本他可望依傳統獲得一份助理的工作，尤其是他已通過所有考試，而且在校成績良好。但是因為韋伯教授取消要給他工作的承諾，愛因斯坦成了班上同學中唯一沒有得到助理工作的人，這真是在臉上狠狠打了一個耳光。原本神氣的愛因斯坦，現在突然發現自己處境不踏實，尤其熱那亞一位富有的姑母原本提供經濟支援，但在他畢業後就停止了。

由於尚未意識到韋伯對他的反感之深，愛因斯坦還愚蠢地拿韋伯的名字當推薦，不知道這樣對自己的未來更不利。後來，他很不情願地了解到，犯下這個錯誤可能損及了他的工作機會，並苦澀地記下這一段往事：若是韋伯能對我老實說，我老早就找到工作了。不過我還是一樣，沒有怨天尤人，也沒有放棄我的幽默感……上帝造了驢子，也給了他一張厚皮。」

在這段期間，愛因斯坦也申請入瑞士國籍，但除非能先找到工作，否則申請無法通過。愛因斯坦的世界快速崩塌，到街上像乞丐般拉小提琴討生活的念頭，曾經閃過他的心裡。

父親了解他的悲慘處境，寫封信給萊比錫的威廉·奧茲瓦（Wilhelm Ostwald）[1]教授，懇求他給兒子一份助理的工作。（奧茲瓦甚至連回信也沒有，不過諷刺的是，十年後奧茲瓦是第一個提名愛因斯坦角逐諾貝爾物理獎的人。）愛因斯坦感到世界突然間變得很不公平：「每個人為了圖個溫飽，只得加入名利競逐的行列。」他難過地寫下：「我什麼都不是，只是親人的負擔……若我從來沒有出生過，一定會更好。」

屋漏偏逢連夜雨，恰巧那時候父親的公司又再度破產了。他父親花光了妻子繼承的遺產，又欠了妻子娘家許多錢。由於缺乏任何財力支援，愛因斯坦別無他法，只好謀份差強人意的教職。在絕望下，他開始仔細尋找報紙人事欄的廣告，曾有一度幾乎要放棄當物理學家的希望，並認真考慮到保險公司工作。

一九〇一年，他在溫特圖爾科技學院（Winterthur Technical School）找到數學教職。不管如何，他在繁重的教學工作外，騰出足夠的時間撰寫第一份論文〈毛細現象演繹〉(Deductions from the Phenomena of Capillarity）並發表，不過愛因斯坦自己也知道，這篇論文並沒有驚天動地之處。第二年他在沙夫豪森（Schaffhausen）一所住宿學校找到一份暫時的家教工作。一如往常，他與學校的權威雅各布·紐艾許（Jakob Nuesch）校長合不來，所以被辭退了。（這名校長氣他氣得要命，甚至指控愛因斯坦煽動革命。）

愛因斯坦開始覺得自己可能要一輩子為五斗米折腰，教導興趣缺缺的學生，並且埋沒在報紙的徵人啟示中。朋友弗里德里希·阿德勒（Friedrich Adler）回憶說，這段時間裡愛因斯坦處於飢餓的邊緣，他完全失敗了。不過愛因斯坦依舊未向親戚求援，只是他又接連面對兩項挫折。首先，米列

① 編按：一九〇九年諾貝爾化學獎得主。

娃在技術學院的第二次畢業考又失敗了，這意謂著她想當物理學家的夢想幻滅了，因為沒有學校會接受成績這麼差的學生當研究生。在心碎難過之餘，米列娃失去對物理的興趣，他們兩人幻想共同探索宇宙奧祕的夢想結束了。然後一九〇一年十一月當米列娃回到家鄉後，愛因斯坦接到一封來信：她懷孕了。

雖然此刻愛因斯坦感到前途茫茫，但要當爸爸仍然讓他無比高興。與米列娃分隔兩地對他是折磨，不過兩人書信來往頻繁，幾乎每天都會寫信。在一九〇二年二月四日，他終於知道自己當了小女嬰的爸爸，她誕生在米列娃父母於諾維薩德（Novi Sad）的家裡，教名是莉賽爾（Lieserl）。愛因斯坦興奮地不得了，想要知道她的點點滴滴，懇求米列娃送照片或素描給他看。不過很神祕的是，沒有人知道這個孩子發生什麼事，最後一封提到她的信是在一九〇三年九月，信上寫她患上猩紅熱。歷史學家相信，她很有可能是死於此病，或是最後送給人收養了。

就在他們陷入絕境時，天外飛來一項好消息，愛因斯坦的摯友格羅斯曼幫他在伯恩專利局（Bern Patent Office）找到小公務員的職位。從這個低微的職務上，愛因斯坦將改變世界。（愛因斯坦為了延續自己有一天當上教授的夢想，他說服蘇黎世大學的阿爾弗雷德．凱萊納〔Alfred Kleiner〕教授，在這段期間做他的博士論文指導老師。）

展開公僕生涯

一九〇二年六月二十三日，愛因斯坦開始在專利局上班，他是薪水微薄的三級技術專員。事後看來，在這處辦公室工作至少隱含三項好處。第一，這項工作迫使愛因斯坦必須找出任何發明背後的根本物理原則。在白天時他一再磨練自己的物理直覺，必須抹去無關緊要的細節，找出每個專利的基本要素，然後撰寫報告。由於他完成的報告與分析大多是長篇累牘，他寫信告訴朋友自己是靠「撒墨水」維生。第二，許多專利申請案都與電化設備有關，他小時候在父親工廠裡親眼見到發電機、馬達等內部構造，這些豐富的經驗對他助益匪淺。最後，這項工作讓他不會分心，可以好好花時間深入思考光與運動等問題。通常他會很快做好瑣碎的工作，然後好好花幾個小時慢慢回到從小就做的白日夢裡。在辦公室中，尤其是在晚上時，他可以回到自己的物理世界。專利局安靜的工作氣氛正適合他，他稱之為「人間僧院」。

當愛因斯坦才剛在專利局安頓下來，便得知父親因為心臟病垂危。十月時他不得不立刻趕到米蘭，赫曼在病榻上終於祝福了兒子與米列娃的婚事。父親的過世讓艾伯特悲不自勝，他覺得愧對父親與家人，而這種感覺將跟隨他一輩子。他的祕書海倫．杜卡絲（Helen Dukas）寫道：「許多年後，他對於那種天崩地裂的失落感仍然記憶苦楚。有一回他寫道，父親撒手人寰是一生中最大的震撼。」瑪雅也悲傷地記道：「悲傷的命運讓父親根本無從猜想到，兩年後兒子將奠下日後揚名立萬的基石。」

一九〇三年一月，愛因斯坦終於覺得生活夠穩定，可以娶米列娃了。一年後兒子漢斯（Hans）出世，愛因斯坦做為一名伯恩小公僕、丈夫與爸爸，生活算是安定下來了。他的朋友大衛．萊勤思坦（David Reichinstein）還記得當時拜訪愛因斯坦家裡的情景：「公寓的門是打開的，好讓剛擦洗過的地板與走道上晾的衣服能變乾。我進入愛因斯坦的房間，他嘴裡叼著一根極差的雪茄，一手隨意搖著睡籃裡的孩子，一手拿著一本書看，而爐子裡的食物已經煮到冒煙了。」

重拾物理夢想

為了多賺一些錢，愛因斯坦在當地報紙刊登一則廣告，提供「私人數理家教」，這也是愛因斯坦的名字首度刊登在報紙上。一位猶太裔羅馬尼亞籍的哲學系學生莫理斯．索羅文（Maurice Solovine）第一個回應，愛因斯坦很高興，因為他發現自己有許多關於空間、時間與光的想法，碰巧索羅文都是極佳的回響板。為了避免自己與主要物理潮流嚴重脫節，愛因斯坦想要組非正式的讀書小組，他開玩笑稱這是辯論當紅重大議題的「奧林匹亞學會」。

日後看來，和這群讀書小組成員一起切磋研究的日子，可能是愛因斯坦一生中最快樂的時光。幾十年後，當愛因斯坦回憶起這段激烈、大膽辯論的日子，眼角還閃爍著淚光。他們貪婪吞食當時所有最重要的科學研究，激昂的辯論就在蘇黎世的咖啡館與啤酒館裡上演。他們開玩笑說：「伊比鳩魯的話最適合我們了：安貧樂道何其美妙！」

他們特別花時間在恩內斯特・馬赫（Ernst Mach）具爭議性的研究上。馬赫是維也納的物理學家與哲學家，他就像是討人厭的牛虻，會挑戰任何談及超越人類感官事物的物理學家。馬赫在《力學的科學》（*The Science of Mechanics*）這本具影響力的著作中提到自己的理論，他挑戰原子的概念，認為這根本超過了可測量的領域。不過最吸引愛因斯坦注意的，是馬赫對於以太與絕對運動毫不留情的批判。對於馬赫來說，牛頓力學的豐功偉業不過是沙灘城堡，因為絕對空間與絕對時間的概念是永遠無法被測量的。他相信相對運動可以測量，然而絕對運動是不可能的；從來沒有人找到可以決定星球運動的神祕絕對參考架構。也從來沒有人找到一丁點以太存在的實驗證據。

一八八七年由埃伯特・邁克生（Albert Michelson）與愛德華・摩里（Edward Morley）進行的一系列實驗中，直指牛頓概念有一項致命弱點。兩人的實驗設計，是針對不可見的以太之特性，進行最佳可能的測量。他們推論，若是地球在以太海洋中運行，則會製造「以太風」，所以光速應該會隨著地球運動方向而改變。

例如，想像跑步時刮起一陣風。若是與風同跑，可以感覺到風在背後推人，使得前進速度會快一點。若迎向風跑，那麼前進速度會因風速而減少，若是往風的垂直方向跑，則可感覺到身體側面有風吹來，速度也會受到影響。重點是跑者速度會因為前進方向與風向的關係而改變。

邁克生與摩里發明一項精巧的實驗，他們將一道光束分成兩道光束，以垂直方向前進，由鏡子將光束反射，使兩道光束混合成原來的一道光束。由於儀器極為靈敏，連馬車經過都會有所影響，因此整套儀器設備必須裝置在水銀床上，這也可讓儀器自由旋轉。根據以太理論，這兩道光束應該以不同速度前進，若其中一道光束與地球在以太中運轉的方向相同，另一道光束則與以太風呈現九十度的方向前進，那麼當兩道光束回到光線時，兩光波應該具有不同的相位。

然而結果令人大驚，邁克生與摩里發現不管儀器朝哪個方向，兩道光束的速度完全一模一樣。這讓人很困擾，因為實驗結果意謂以太風根本不存在，而且朝所有方向運動的光都以同樣速度前進。這留給物理學家兩個很不愉快的選擇。第一是地球相對於以太可能是完全靜止的，這項選擇似乎違背了自哥白尼創新理論以來所有的天文學知識，因為哥白尼發現地球在宇宙中的位置毫無特殊之處。第二是我們可以放棄以太理論，連帶將牛頓力學一道丟棄。

為了拯救以太理論，各路英雄紛紛出馬。最接近這道謎題解答的，是荷蘭物理學家亨德里克・洛侖茲（Hendrik Lorentz）與愛爾蘭物理學家喬治・費茲傑羅（George FitzGerald），他們認為地球在以太裡運動時，實際上會受到以太風擠壓，所以在邁克生—摩里實驗裡的量尺縮短了。以太原本就被賦予各種神奇特性，如不可見、不可壓縮、極端高密度等等，現在又具備另一項特性：以太通過原子時，會施力壓迫原子。如此一來，先前實驗否定以太的結果，就能輕易解釋了。依照這項說法，光束確實改變了，但是我們永遠無法測量，因為每次要用量尺測量時，雖然光束已改變，然而同時量尺在以太風方向也縮短了。

洛侖茲與費茲傑羅分別計算縮減量，產生了現在所稱的「洛侖茲—費茲傑羅收縮」。對這個結果，洛侖茲與費茲傑羅都沒有特別高興，因為這只是補牛頓力學破洞的便宜之計，最多也只能做到這個地步。也沒有多少物理學家喜歡洛侖茲—費茲傑羅收縮，因為這成為一項例外原則，目的在於挽救已經走下坡的以太理論。對於愛因斯坦，以太擁有近乎奇蹟的特質，這個概念似乎太假了。之前，哥白尼曾經破解了托勒密的地球中心說，因為依照托勒密的說法，太陽系中的行星必須以極為複雜的「周轉圓」來運轉，而哥白尼利用奧坎剃刀（Occam's Razor），切走修補托勒密系統所需要的層層周轉圓，讓太陽成為太陽系的中心。

如同哥白尼，愛因斯坦也將用奧坎剃刀切走以太理論的重重假設，而他使用的是小孩子也能理解的圖象。

CHAPTER 3 SPECIAL RELATIVITY AND THE "MIRACLE YEAR"

第三章

狹義相對論與「奇蹟之年」

馬赫對牛頓理論的批評讓愛因斯坦深思，於是他回想自十六歲起便一直盤旋心頭的那幅圖象：與一道光束一起賽跑。他想起在蘇黎士技術學院時一項奇特卻重要的發現，亦即在馬克士威的理論中，無論如何測量光速皆保持相同。年復一年，他揣想這如何可能發生，因為在牛頓所建立的常識世界裡，我們一定可以追到超速的物體。

再想像警察追趕超速的汽車駕駛。若是警察開車開得夠快，他知道自己可以追上駕駛，任何接過超速罰單的人都知道這個道理。但是若將超速汽車以光束取代，且有一位觀察者目睹全部過程，觀察者確認警察緊接在光束後頭，前進速度幾乎與光一樣快。我們很有信心地認為，警察也知道自己越來越逼近光束了，但是後來訪問他時，卻聽到奇怪的說法。他說自己不像我們所看到的與光束並行，事實上光束甩開他，留他在塵土飛揚中。他表示，無論自己如何加快引擎，光速都以完全一樣的速度飛逝而去。他還發誓說，他根本沒辦法追上光束，不論他的前進速度多快，光束都以光的速度離他而去，彷彿他是靜止的，而不是在警車裡加速。

但是當你堅持說，看見警察緊貼著光束飆車，只差千鈞一髮便要追上了，警察卻說你瘋了，他根本連接近光速都不曾哩！對於愛因斯坦，這正是最關鍵、最令人費解的謎題：怎麼可能目睹同一事件的兩人，說法卻如此南轅北轍？如果光速真的是自然常數，那怎麼會一個目擊者宣稱警察緊追在光束旁邊，而警察卻發誓說他還差得很遠呢？

愛因斯坦先前已經了解到，牛頓圖象（速度可加減）與馬克士威圖象（光速為恆定）是完全矛盾的。牛頓理論是建立在幾個假設上，屬於自足系統，只要其中一項假設改變了，整個理論將會瓦解，就像是一個線頭可拆掉一件毛衣般，而那個線頭便是愛因斯坦與光束賽跑的白日夢。

狹義相對論的誕生

一九〇五年五月有一天，愛因斯坦去拜訪好朋友米歇爾・貝索（Michele Besso），他也在專利局工作。愛因斯坦說出問題，告訴貝索這個謎已經困惑自己十年。他利用貝索當自己最愛的腦力激盪板，提出以下題目：物理學兩大支柱牛頓力學與馬克士威方程式，根本是不相容的，其中有一方必定是錯的；無論最後證明哪個理論為真，最後的解答勢必得大規模重整所有物理學知識。愛因斯坦來來回回提到與光束賽跑的矛盾，日後他回憶道：「狹義相對論的寶石已經出現在那個矛盾裡了。」他們談了幾個小時，討論問題的每個面向，也談到牛頓的絕對空間與時間概念，似乎違反馬克士威的光束恆定說法。最後，愛因斯坦累壞了，他說自己完全被打敗了，想要放棄整個探尋。試了也沒有用，他已經失敗了。

雖然愛因斯坦很沮喪，但是那晚回到家後他心裡仍然不停思考著。他特別記得搭乘伯恩的電車時，回頭看了城裡那座著名的鐘塔。然後他想像如果電車以光束駛離鐘塔，會發生什麼事情呢？他很快了解到，鐘塔的時鐘看起來會停止，因為光束無法追上電車，但是他自己在車上的鐘依然會正常走動。

然後他突然想到整個問題的關鍵。愛因斯坦回憶道：「我內心起了一場風暴。」答案簡單又漂亮：全宇宙的時間能以不同速率走動，取決於移動速度有多快。想像許多時鐘散落在空間裡不同點，每一個時鐘顯示出不同的時間，以不同的速度走動。地球上的一秒鐘，與月球上的一秒鐘或木星上的一秒鐘，長度並不相同。實際上，你移動得越快，時間會越慢。（愛因斯坦有次開玩笑說，在相對論中，他在宇宙每一點都放置一個時鐘，每個以不同速率走動；但是在真實生活裡，他連一個時鐘也買不起。）這代表在某個座標系裡同時發生的事件，在其他座標系裡不必然同時發生，這和牛頓所想的相違背。愛因斯坦終於通達「上帝的思考」了，他後來興奮地回想：「答案乍現我心中。任何概念，或任何時間空間的法則，只有在可以和人類經驗連結的時候，才能有效成立……當我重新形塑同時性（simultaneity）的概念，就得到了相對論。」

例如，記得在超速駕駛的矛盾故事裡，我們看到警察和光束並行，但是警察後來卻宣稱，不論自己如何加快引擎馬力，光束都是以光速揚長而去。要解決兩張圖象衝突的唯一方法，只有讓警察自己的腦子慢下來，也就是警察的時間變慢了。如果我們能從路旁看到警察的手錶，將可看見手錶幾乎停下來了，而警察的面部表情也已經凍住。因此依照我們的觀點，我們看見警察與光束並駕齊驅，但是他的時鐘（以及腦部）幾乎是停止的。當我們後來訪問警察時，我們發現他認為光束揚長而去，只是因為他的腦部與時鐘走得慢多了。

為了使理論完整，愛因斯坦也加入洛侖茲—費茲傑羅收縮，只不過他宣稱收縮的是空間本身，而不是原子（空間收縮與時間延滯的聯合效應，現今稱為「洛侖茲變換」〔Lorentz transformation〕）。愛因斯坦總算能徹底丟棄以太理論了。愛因斯坦對於這條通向相對論之道的過程，曾總結寫道：「我最感謝的是馬克士威。」顯然，愛因斯坦雖然對邁克生—摩里實驗略知一二，但是激盪出狹義相對論的並不是以太風，而是直接從馬克士威方程式而來。[1]

在得到突破的第二天，愛因斯坦來到貝索家，他連招呼都來不及說，衝口而出便是：「謝謝你！我已經完全解開疑問了。」他後來自豪地回憶：「我重新分析時間的概念，解決了這個問題。時間無法絕對定義，時間與訊號速度之間的關係無可分割。」接下來六個星期，他狂熱鑽研每個相關的數學公式，產生了理當是有史以來最重要的科學論文之一。根據他的兒子表示，愛因斯坦後來把論文交給米列娃檢查有無數學錯誤，便直接上床睡了兩個星期。最後論文手稿出爐，題目是〈論運動物體的電動力學〉（On the Electrodynamics of Moving Bodies），他潦草手寫的三十一頁，卻改變了世界歷史。

在這篇論文中，愛因斯坦並未歸功於任何物理學家，他只感謝貝索。（愛因斯坦知道洛倫茲先前的研究，但是他並不知道洛倫茲收縮，那是他獨自發現的。）最後這份論文發表在一九〇五年九月《物理年鑑》（*Annalen der Physik*）的第十七期中，愛因斯坦三篇畫時代的論文都發表在這著名的第十七期。他的同事麥克斯・波恩（Max Born）曾指出第十七期是「整個科學文獻裡分量最重的一期刊物，裡面有三篇愛因斯坦的論文，每一篇論文都處理不同的題目，而且至今都被公認是傑作。」（最近這本著名的期刊，在一九九四年拍賣會上以一本一萬五千美元賣出。）

以幾近雷霆萬鈞之勢，愛因斯坦開宗明義指出，該理論不僅適用於光，同時也是宇宙真理。厲害的是，他所有的成果完全來自於兩項適用慣性座標系（亦即以相對等速運動的眾物體）的簡單假設：

1. 物理法則在所有慣性座標系內都相同。
2. 光速在所有慣性座標系內恆定。

這兩項乍看之下很簡單的原則，是自牛頓以後對宇宙本質最深奧的概念。從這兩項原則，可以推導出全新的空間與時間圖象。

首先，愛因斯坦巧妙地證明，如果光速確實是個普通常數，則最廣義的座標變換解是洛倫茲變換。接下來他證明馬克士威方程式確實遵循這項原則。最後，愛因斯坦證明速度會以獨特方式增加。雖然牛頓觀察帆船運動，而從中推出速度可以毫無限制相加，愛因斯坦卻指出光速是宇宙的終極速度。現在請想像一下，你正搭乘90%光速的火箭離開地球，並從火箭內部發射一顆速度也是90%光速的子彈。根據牛頓物理，這顆子彈的速度應該是180%的光速，也就是超越光速。但是愛因斯坦證明，因為量尺縮短且時間變慢，實際上速度總和是接近99%的光速。愛因斯坦的論文也顯示，不論我們多麼努力嘗試，永遠都不可能超越光速。光是宇宙的終極速限。

我們從未經歷或看過這些怪異的現象，因為從來沒有人以光速旅行。從日常速度來看，牛頓法則完美之極，這也是為什麼經過兩百多年的時間，才第一次出現牛頓法則的修正。現在，想像一下光速只有每小時二十哩，若有一部車子在街上跑，在運動方向看起來會像手風琴般受到壓縮，也許長度會縮小到一吋，不過高度仍然相同。由於車裡的乘客被壓縮到一吋，我們可能會猜想，當他們的骨頭被壓碎時，會發出驚聲慘叫。但是實際上，乘客並無感到任何異狀，因為汽車裡面的每件東西，包括他們身體內的原子，都同樣受到擠壓了。

當汽車減速停下來時，車子又會從一吋長慢慢拉長為十呎左右，而乘客將會平安走出來，像什麼事情也沒發生一樣。是誰真的受到壓縮呢？是你還是車子？根據相對論，你無法得知，因為長度概念並沒有絕對意義。

日後回顧可以發現，也有其他人幾乎要發現相對論了。洛侖茲與費茲傑羅得到相同收縮效果，卻完全誤解這個現象，認為是原子受電力變形，而沒想到是空間與時間本身的微妙變換。亨利．龐加萊（Henri Poincaré）是當時公認最偉大的法國數學家，他也曾與解答擦身而過。他了解光速在慣性座標系裡一定是常數，甚至證明馬克士威方程式在洛侖茲變換下仍保有相同形式。不過，他也一樣拒絕拋棄牛頓的以太架構，並認為這些扭曲僅僅是電磁現象。

寫出質能互換方程式

愛因斯坦又再往前進，做了下一個關鍵性跳躍。他在一九〇五年底寫了一小篇論文，幾乎是一篇註解，結果改寫了世界歷史。若你移動得越快，量尺與時鐘變得越扭曲，那麼你所測量的每件東西必定也會受到改變，包括質量與能量。例如，愛因斯坦證明物體質量會隨運動加快而增加（事實上若達到光速時，物體質量會變得無限大，當然這是不可能的，這也證明物體不可能加速到光速）。運動的能量被轉換成物體增加的質量，也就是說，質量與能量可以互相轉換。若精確計算出有多少能量被轉變成質量，簡單幾行便能出現 $E=mc^2$ 這個最著名的公式。光速已經是個極大的數目，平方以後更是驚人，這表示只要有一丁點質量，便能釋放出極大的能量。例如，幾茶匙的物質便擁有數個氫彈的能量。事實上，一棟房屋大小的物質可能就足以將地球炸成兩半了。

愛因斯坦的公式不僅是學術研究，他相信這或許能解釋瑪麗・居里發現的奇特現象，也就是一盎斯的鐳可以不停地釋放出每小時四千卡熱量，似乎是違反了熱力學的第一定律（指總能量必為恆定或守恆）。他推論當鐳放射能量出來時，其質量應該會有些微減少（這個減少量小到難以用一九〇五年的儀器測量出來）。他寫道：「這個想法好玩、有意思，但究竟上帝是否笑著並引我走到花園，我就不得而知了。」愛因斯坦結論指出，若要直接驗證他的猜想，「目前可能超越人類經驗之外。」

為何這種未開發的能量以前從未被注意到？愛因斯坦將這個比喻做一個非常有錢的人，因為從不花錢，所以別人也不知道他擁有這麼多財富。

愛因斯坦以前的一位學生班尼許．霍夫曼（Banesh Hoffman）寫道：「想像這麼大膽的一步……每一塊泥土、每一片羽毛、每一點塵埃都成為巨大而未開發的能源庫。這在當時還沒有驗證方法，然而一九〇七年愛因斯坦發表的時候，他把這個方程式視為相對論最重要的結果。這個方程式要到二十五年後才能獲得證實，由此更能看出他的目光長遠而獨到。」

再一次地，相對論原則迫使古典物理進行一次重大修正。之前，物理學家相信能量守恆、熱力學第一定律，即總能量無法被創造或破壞。現在，物理學家知道物質與能量的總和才是守恆的。

光的量子論問世

愛因斯坦的心不曾稍歇，同年他又探索了另一個問題：光電效應（photoelectric effect）。回到一八八七年，亨德里希・赫茲（Heinrich Hertz）注意到當光束打到金屬上時，在某些情況下可以製造出微小的電流，這是許多現代電子產品的運作原理。太陽能電池將一般陽光變成電能，提供掌上型計算機電源。攝影機攝取來自物體的光束，再轉換成電流，最後成為電視螢幕上的畫面。

然而在二十世紀初期，光電效應仍然是個謎。光束似乎會將電子敲出金屬之外，但究竟是如何辦到的呢？之前的牛頓相信，光是由一種稱做「微粒」（corpuscle）的微小粒子組成，但是後來的物理學家深信光是一種波，且根據古典波論，光的能量與頻率無關。例如，雖然紅光與綠光具有不同頻率，但是兩者應該擁有相同能量，因此當撞擊到金屬時，所射出的電子能量也應該是相同的。同樣地，古典波論指出若有人以更多盞燈來加強光束的強度，所射出的電子能量也應該會增加。但是菲利普·雷納德（Philipp Lenard）[1]的研究卻顯示，射出電子的能量僅僅與光束的頻率或色彩相關，而非取決於強度，這與波論的預測恰恰相反。

愛因斯坦想藉助普朗克一九〇〇年在柏林剛發表的「量子理論」，嘗試解釋光電效應。普朗克與古典物理有過最激進的決裂，他主張能量不是像液體般平整一片，而是一個個的「量子」（quanta）所組成，每個量子的能量皆與頻率成比例。此比例常數是一個新的自然常數，現在稱為「普朗克常數」。原子與量子的世界看起來之所以奇怪，原因之一在於普朗克常數是一個非常小的數字。愛因斯坦了解到，若能量是呈現一個個的小封包狀態，那麼光本身必定屬量子化。（愛因斯坦的「光量子」包，後來由化學家吉爾伯特·路易斯〔Gilbert Lewis〕在一九二六年命名為「光子」〔photon〕，即光的粒子之意。）愛因斯坦理解到，若光子的能量與頻率成比例，則被射出電子的能量應該也與頻率成比例，正好抵觸了古典物理學原理。（有趣的是，在美國影集《星艦迷航記》〔*Star Trek*〕中，企業號的艦員對著敵人發射「光子魚雷」；在真實生活裡，最簡單的光子魚雷發射器是手電筒。）

愛因斯坦這幅新的圖象，也就是光的量子理論，可以在實驗室裡直接得到驗證：如果增加光束的頻率，同時測量金屬表面產生的能量，所測到的伏特數應該也會呈現平滑增加。這份歷史性的論文（後來為愛因斯坦贏得諾貝爾獎）發表於一九〇五年六月九日，題目為〈光之製造與轉變之初探〉（On a Heuristic Point of View Concerning the Production and Transformation of Light）。隨著這篇論文，光子誕生了，光的量子論也問世。

提出原子存在的證據

在一九〇五年這個奇蹟的一年，愛因斯坦又撰寫了一篇論文，處理有關原子的問題。原子理論雖然能夠成功界定氣體特質與化學反應，卻一直欠缺原子存在的直接證明，這也是馬赫等批評者樂於指出的一點。愛因斯坦認

---

① 編按：一九〇五年諾貝爾物理獎得主。

為，我們或許可以觀察微小粒子在液體裡的行為，藉此證明原子的存在。「布朗運動」指小粒子懸浮在液體中的隨機運動，這種現象是植物學家羅伯特・布朗（Robert Brown）一八二八年發現的，他觀察到在顯微鏡下微小的花粉會展現奇特的隨機運動，剛開始他認為這些 Z 字形的動作很像精子的運動，但是後來他又發現就連玻璃或花崗石小顆粒也出現這類奇異的行為。

有些人猜想，布朗運動可能是由於分子的隨機衝擊所造成，但是沒有人能夠推導出一個合宜的理論。愛因斯坦跨出決定性的一步，他理解到雖然原子太小而觀察不到，但是我們可以根據原子對大物體的累積衝擊而估計其大小與行為。如果我們真的相信原子理論，則分析布朗運動可以計算出原子的物理大小。藉由認定幾億兆水分子的隨機碰撞而造成微粒的隨機運動，愛因斯坦能夠計算原子的大小與重量，因而得出原子存在的實驗證據。

讓人感到敬佩的是，愛因斯坦透過一具簡單的顯微鏡，便計算出一克的氫含有 3.03 ¥ 10^{23} 平方個原子，非常接近正確數值。該篇論文題目為〈運動分子熱理論下靜止液體之小懸浮粒子運動〉（On the Movement of Small

Particles Suspended in Stationary Liquids Required by the Molecular-Kinetic Theory of Heat），日期是七月十八日。這篇論文雖然簡單，卻是第一次提到原子存在的實驗證明。（諷刺的是，就在愛因斯坦計算出原子大小的隔年，為原子理論開拓先鋒的物理學家路德維希・波茲曼〔Ludwig Boltzmann〕自殺了，有部分原因是他先進的原子理論不停招致訕笑嘲諷。）在愛因斯坦完成這四篇歷史性的論文之後，連同之前一篇討論分子大小的論文一起交給指導教授凱萊納，當作畢業論文。那一晚，他與米列娃兩人都喝醉了。

一開始，他的論文遭退，但是到了一九〇六年一月十五日，愛因斯坦終於從蘇黎世大學獲得博士學位，現在他可以自稱是愛因斯坦博士了。這個新物理學的誕生，全部發生在愛因斯坦位於伯恩的克拉姆街（Kramgasse）四十九號的家裡。（現今這間屋子稱為「愛因斯坦故居」，面對街上有扇漂亮的凸窗，看過去可以瞧見一塊牌子上寫著，透過這扇窗戶創造了相對論。在另一面牆上，可以看見一張原子彈的照片。）

因此，一九〇五年真是科學史上的奇蹟之年。若是要找到一個足以媲美的奇蹟之年，則要回到一六六六年，當時二十三歲的牛頓發現了宇宙重力法則、微積分、二項式定理與色彩理論。

在物理界展露頭角

在一九〇五年，愛因斯坦奠定光子理論、提出原子存在證據、推翻牛頓物理架構，每一項功蹟都值得舉世讚揚。然而他失望了，迎接他的只是科學界一片死寂，世界對於他的研究似乎視而不見。沮喪之餘，他回到個人生活裡，除了撫養小孩，便是埋首於專利局的工作。成為新物理世界先鋒的念頭，也許只是一場夢而已。

不過一九〇六年初，第一絲回應的曙光攫取了愛因斯坦的注意。他收到的雖然只是一封信，卻是來自當時算是最重要的物理學家普朗克。普朗克立刻明白愛因斯坦的研究具有重大意義，因為他注意到相對論把光速的數值提升到一個根本的自然常數。舉例來說，普朗克常數是畫分古典物理與量子次原子世界的界線，我們之所以感受不到原子的奇異特性，是因為普朗克常數過小所致。同樣地，普朗克覺得愛因斯坦也把光速提升到一個新的自然常數，我們平常不會感覺到宇宙物理學的奇異世界，是因為光速值過於龐大。

在愛因斯坦心裡，普朗克常數與光速這兩項常數，為一般常識與牛頓物理畫下界限。我們無法看見物理現實根本的詭異本質，是因為普朗克常數之小以及光速之大所致。若說相對論與量子理論違反常識，那是因為我們活在宇宙的一個小小角落裡，在我們受到蒙蔽的世界裡，速度比光速慢很多，而物體又大到讓我們永遠無法遇到普朗克常數。然而，自然才不管我們的常識，而是創造出以次原子粒子為基礎的宇宙，不斷以近乎光速運行著，並遵守普朗克公式。

在一九〇六年夏天，普朗克派助手麥克斯・馮勞厄（Max von Laue）來探訪這個名不見經傳卻跳出來挑戰牛頓教義的小公僕。他們原本約在專利局的會客室見面，卻好笑地擦身而過，因為馮勞厄期待會看到一位嚴肅、權威型的人物。當愛因斯坦向他自我介紹時，馮勞厄驚訝地發現眼前這人完全不同，是個極為年輕但穿著隨意的公務員。後來他們變成終生摯友。（不過，馮勞厄倒是能分辨壞雪茄，他趁兩人過橋而愛因斯坦不注意時，偷偷把愛因斯坦請他抽的雪茄丟進阿勞河裡。）

在普朗克的加持下，愛因斯坦的研究逐漸開始吸引其他物理學家的注意。諷刺的是，愛因斯坦之前在蘇黎士技術學院的一位教授，也就是曾因他翹課而稱愛因斯坦為「懶狗」的數學家明科夫斯基，對這名學生的研究特別感到興趣。明科夫斯基一頭栽入研究，並進一步發展相對論公式，試著重新整理愛因斯坦所提出運動越快，則空間會變成時間、時間會變成空間的想法。他將這個概念寫成數學語言，並提出空間與時間形成一個四維實體的結論。突然間，人人都在談論第四維。

例如在一張地圖中，需要有兩個座標（長、寬）才能決定一點。若加入第三個座標（高），則可決定空間裡任何物體的位置，不論是近在眼前或遠在天邊皆可，也因此我們周遭的可見世界是三維度的。H‧G‧威爾斯（H. G. Wells）[2]等作家曾揣想，也許可以視時間為第四維度，所以任何事件可藉由給予三維座標及其發生時間而定位出來。因此，當你想要約一個人在紐約市碰面時，可以說：「我們約在四十二街與第五大道的街角，十二樓、午時見面，」四個數字便可決定獨一無二的某事件。不過威爾斯的第四維度只是一個想法，並沒有任何數學或物理內容。

明科夫斯基重寫愛因斯坦的公式，展現出漂亮的四維結構，將空間與時間永遠連結成一個四維的構造。明科夫斯基寫道：「從現在起，空間與時間分別消失到晦暗的陰影裡，只有兩者的結合才能保有獨立的真實。」

一開始，愛因斯坦不覺得這有什麼了不起，還嘲弄地寫道：「重要的是內容，而不是數學。數學什麼事情都可以證明。」愛因斯坦相信，相對論的核心是基本的物理原則，而不是漂亮卻無意義的四維度數學，他稱此為「多餘的學識」。對他來說，事物的根本在於擁有一幅清楚簡單的圖象（如火車、下墜的電梯、火箭等），而數學僅在其次。此時他認為，數學只不過是追蹤圖象變化所需的紀錄工具而已。

② 編按：著有《時間機器》（*The Time Machine*, 1895）。

愛因斯坦後來半開玩笑地寫道：「自從數學家攻讀相對論以後，我就再也不懂我的理論了。」不過隨著時間進展，愛因斯坦開始領悟到明科夫斯基研究的全副威力，以及背後深刻的哲學意涵。明科夫斯基證明，利用對稱可以統一兩個看似不同的概念。現在，空間與時間被視為是相同物體的不同狀態。同樣地，能量與物質、電與磁等，也能透過第四維度產生關連。對稱統一（Unification through symmetry）成為愛因斯坦接下來人生的指導方針之一。

以雪花為例，如果將雪花旋轉六十度，雪花還是保持一樣。在數學上，旋轉後仍保持相同形式的物體稱為「協變」（covariant）。明科夫斯基證明，當空間與時間以四維方式旋轉時，愛因斯坦的式子像雪花一樣為協變。

換句話說，一個新的物理原則誕生了，並進一步改進愛因斯坦的研究：物理方程式必定是洛侖茲協變（亦即在洛侖茲變換下維持相同形式）。愛因斯坦後來承認，若是沒有明科夫斯基的四維度數學，相對論「可能還會困在尿布中」。這個新的四維度物理學，讓物理學家能把相對論所有的方程式壓縮到相當精簡的形式，實在令人讚嘆。例如，每個電子工程系學生或物理學家在初次學習馬克士威八個微分方程式時，會感到極為困難，然而明科夫斯基的新數學能將馬克士威方程式濃縮到剩下兩個。（我們可以用四維度數學證明，馬克士威方程式是描述光的式子中最簡單的方程式。）這是物理學家第一次在數學式中領略到對稱的力量。當物理學家提到物理中的「漂亮與優美」時，通常真正指的是，對稱能將一大堆現象與概念統一成為非常精簡的形式。一個方程式越漂亮，指的是等式兩端越對稱，能用最少的空間解釋最多的現象。

因此，對稱的力量允許我們將不同的個體統一成和諧的整體。例如旋轉一片雪花，讓我們看見雪花每一點的共同性。在四維空間裡旋轉，統一了空間與時間的概念，隨著速度變快而互相轉換。對稱把看似不同的實體統一成賞心悅目、和諧的整體，這個優美的概念，在接下來五十年將引領著愛因斯坦前進。

矛盾的是，當愛因斯坦一完成狹義相對論後，他開始失去興趣，寧願去思考另一個更深沉的問題，即看似超越狹義相對論範疇的重力與加速問題。

愛因斯坦的相對論誕生以後，就像任何愛子女的父母親一樣，立刻了解到他孩子潛在的缺失，並試圖予以矯正（稍後會談到更多）。

同時間，實驗性證據開始證實愛因斯坦的一些想法，提高他在物理圈的聲望。科學家重複邁克生－摩里實驗，每次結果同樣都是否定的，整個以太理論遭到質疑。光電效應實驗同樣也確認了愛因斯坦的方程式。此外，一九〇八年的高速電子實驗似乎證明電子質量會隨運動加快而增加。在越來越多成功實驗的支持下，愛因斯坦申請鄰近伯恩大學的一份講師工作，其地位比教授低，但好處是他可以同時保留專利局的工作。他送出相對論論文及其他發表的研究，一開始遭到系主任埃梅·佛斯特（Aime Foster）的拒絕，因為他認為相對論根本無法理解。不過，愛因斯坦第二次嘗試就成功了。

一九〇八年，眾多證據顯示愛因斯坦已經做出物理學的重大突破，蘇黎世大學也認真考慮以更高的職位聘請他。不過此時愛因斯坦面對了嚴峻的競爭，對手是舊識阿德勒。這兩名頂尖的候選人都是猶太人，這在當時是一項阻礙，不過阿德勒是奧地利社會民主黨創黨人之子，許多教職員同情此黨，所以看起來愛因斯坦可能會失掉這次機會；但出乎意料的是，阿德勒力陳愛因斯坦應該贏得這項工作，他很會觀察人，對愛因斯坦更沒看走眼。他寫信讚揚愛因斯坦是位能力傑出的物理學家，只不過「做學生時，教授輕蔑對待他……而他完全不知道如何與重要人物應對。」由於阿德勒難能可貴的自我犧牲，愛因斯坦獲得這份職位，並且開始在學術階梯上飛速爬昇。他現在回到蘇黎世了，而且這回的身分是教授，不再是失敗、失業的物理學家與社會邊緣人。當他在蘇黎世找到一間公寓，很高興地發現阿德勒正好住在樓下，兩人變成很好的朋友。

一九〇九年，愛因斯坦在薩爾斯堡第一次參加重量級的物理會議，他發表了生平第一次演講，當時大名鼎鼎的人物都出席了，包括普朗克。在「對自然與放射組成之觀點發展」的演講中，他將 $E=mc^2$ 的方程式強而有力地介紹給世界。習慣節儉午餐花費的愛因斯坦，對於會議的富麗堂皇感到吃驚。他回憶道：「節慶在全國旅館結束，是我一生中參加過最豪奢的宴會。這讓我鼓起勇氣，對坐在隔壁的一位日內瓦貴族說：『您知道若是喀爾文在現場，會怎麼樣嗎？……他會豎立一根巨柱，為豪奢惡慾燒死我們。』結果，那位先生再也沒有跟我說任何一句了。」

愛因斯坦的演說是史上第一次有人清楚呈現物理學中的「雙重性」（duality）概念，亦即光可以具有雙重特質，既可以是馬克士威在前一世紀所說的波，也可以如牛頓所稱的光是粒子。我們將光看成粒子或是波，端視實驗而定。在低能量實驗中，光束的波長很大，波的圖象比較有用。若探討的是高能量的光束，由於光的波長極小，因此粒子的圖象更加適合。數十年後丹麥物理學家尼爾斯・波耳（Niels Bohr）將能證明，這個概念是對物質與能量本質的根本觀察，也是量子理論研究最豐碩的源頭之一。

同時比對方更年輕的「雙生子謬論」

雖然愛因斯坦此時已是教授，但仍然保有一貫的波希米亞作風。有名學生回憶他在蘇黎世大學的第一堂課：「他衣著寒酸地出現在課堂上，穿著過短的褲子，還帶著一疊名片大小的紙張，上面潦草寫著課堂重點。」

一九一〇年，愛因斯坦的第二個兒子愛德華（Eduard）出世了。素來飄泊不定的他，已經開始尋找新職位，顯然是因為大學裡有些教授希望趕走他。第二年他獲得布拉格德國大學理論物理研究所的教職，並且薪水提高了。有趣的是，他辦公室隔壁是一所瘋人院，當他思索物理學的謎題時，常很好奇隔壁的病患會不會才是精神正常的人。

一九一一年第一屆索爾維會議在布魯塞爾召開，這是由比利時富有的實業家恩內斯特．索爾維（Ernest Solvay）所創辦，宗旨在於宣揚世界頂尖科學家的研究工作。這是當時最重要的會議，讓愛因斯坦有機會與物理界大師見面，並交流想法。結果，他見到贏得兩次諾貝爾獎的瑪麗．居里，兩人結交終生友誼。會議主題為「放射與量子理論」，相對論與光子論都是眾人關切的焦點。

會議上辯論的一個問題是著名的「雙生子謬論」（twin paradox）。愛因斯坦在談時間延滯時已經提過這個奇怪的矛盾問題。雙生子謬論是由物理學家保羅．朗杰萬（Paul Langevin）所提出，他以一項簡單的思考實驗，來探索相對論中一些看來矛盾的地方。（當時報紙上充斥著朗杰萬的曖昧情事，因為他的婚姻不幸福，又與喪偶的瑪麗．居里傳出緋聞。）朗杰萬想像住在地球上有一對雙胞胎，其中一人被以接近光速的速度送走，然後再回到地球，假設地球已經過了五十年，但因為火箭上的時間減慢，火箭上的雙胞胎只老了十歲。當這對雙胞胎再度見面時，年齡出現差距，火前上的雙胞胎比另一位年輕四十歲。

現在從火箭上雙胞胎的眼光來看這個情況。從他的觀點，他是靜止的，地球才是迅速飛走的一方，所以是地球雙胞胎的時鐘變慢了。當這對雙胞胎最後重逢時，留在地球的那位應該更年輕，而非火箭上的自己。照理說運動應該是相對的，那麼雙胞胎中到底哪個真的比較年輕？因為這兩個狀況似乎是對稱的，這個謎至今仍是學生試圖與相對論交手時所碰到的麻煩事。

如愛因斯坦所指出，這個謎的解答是：加速的是火箭上的雙胞胎，而不是地球上的那位。火箭必須慢下來、停止然後掉頭，這明顯對乘客造成很大的壓力。換句話說，這些狀況並非是對稱的，因為加速（在狹義相對論的假設之外）只發生在火箭雙胞胎上，因此火箭上的旅人才是真正較年輕的人。

不過，若是火箭永遠不回來，這個情況會變得更令人困惑。在這種情形下，兩人用望遠鏡都可看到對方的時間減慢了。既然現在這些情況是完全對稱，那麼每個雙胞胎都深信另一方更年輕，同樣地他們也深信另一方被壓縮得更修長。所以到底誰才是比較年輕又修長？一對雙胞胎同時比對方更年輕又更修長，聽起來雖然很矛盾，但在相對論中卻是有可能的。要決定所有謬論中到底誰才真正又變瘦又變年輕，最簡單的方法就是讓兩人在一起，所以必須把其中一人猛力拉過來，這樣一來也就決定了哪個雙胞胎才是「真正」在移動。

（雖然這些耗費心神的矛盾，在原子層次的宇宙射線與加速器研究上，已間接證實愛因斯坦的說法。但由於這個效應實在太小了，一直要到一九七一年才在實驗室裡直接觀察到。當時飛機攜載原子鐘，以極速在空中飛行，由於原子鐘能夠無比精準地計算時間，科學家只要比較兩具時鐘，就能證實當移動越快時，時間走得越慢。一切正如愛因斯坦所預測。）

另一個謬論是兩個物體互相比對方更短。想像一名獵人試圖用只有一呎寬的籠子捕捉一隻約十呎長的老虎，正常來說這是不可能的。現在想像老虎跑得快到縮成只剩一呎長，所以籠子可以落下來關住老虎。當老虎煞住停止時又會變大，因此，若籠子由網編成，則老虎會撐破網子，若籠子由水泥製成，則可憐的老虎便會被擠死了。[2]

然後再從老虎的觀點來看事情。若老虎靜止，而籠子移動並縮到只有十分之一呎，則這麼小的籠子怎麼可能捉住十呎長的老虎呢？答案是當籠子下落時，會在運動方向縮小，所以會變成扁狀的四邊形，即平行四邊形。所以籠子兩端不必然同時擊中老虎，對於獵人是同時發生的事情，對於老虎並非同時發生。若籠子是由網編成，則籠子的前端會先碰到老虎的鼻子，然後開始被扯破。若籠子下降時，會持續沿著老虎身體方向扯開，直到籠子後端最後碰到尾巴為止。若籠子由水泥製造，則老虎的鼻子會先被砸中，當籠子下降時，會繼續撞擊老虎身體，直到籠子末端到達老虎尾巴為止。

這些矛盾甚至引發大眾的想像力，就像出現在英國幽默雜誌《潘趣》

（*Punch*）上的一道打油詩：

從前有位年輕的亮小姐
她的腳程遠遠超過光
有天她動身以相對之式
前一個晚上便回來了。[3]

個人的展獲與犧牲

在此同時，愛因斯坦的好友格羅斯曼成為蘇黎士技術學院的教授，他詢問愛因斯坦願不願意回母教任教，這回職稱是正教授。所有的推薦信都給予愛因斯坦最高評價，瑪麗·居里寫道：「數學物理學家一致認為其研究屬於一流成就。」

在布拉格才待十六個月，愛因斯坦便因此回到蘇黎世和他的母校。以知名教授的身分重返蘇黎士技術學院（自一九一一年後改稱為瑞士聯邦技術學院，ＥＴＨ），對於愛因斯坦是重大的個人勝利。他帶著不良名聲離開學院，韋伯等教授還積極破壞他找工作，現在他以新物理革命的領導者歸來，那年他也第一次獲得諾貝爾獎提名。不過，瑞典學會仍認為他的想法太過激進，諾貝爾獎的歷年得主也傳出不希望他獲獎的異議之聲。所以一九一二年的諾貝爾獎並未落於愛因斯坦袋中，而是頒給研究可改進燈塔的尼爾斯・達倫（Nils Dalén）。（諷刺的是，今日的燈塔大多因為引進全球衛星定位系統而廢棄，而新系統的準確度與愛因斯坦的相對論密切相關。）

在一年內，愛因斯坦的名聲爆漲，柏林開始有人探詢他。普朗克熱切想要網羅物理界的這顆上昇之星，當時德國的物理研究領先全球，而柏林又是德國學術界的中心。愛因斯坦起初猶豫，因為他已放棄德國籍，而且當地還有青少年時期的苦澀記憶，但這項工作實在太誘惑人了。

一九一三年，愛因斯坦獲選進入普魯士科學院（Prussian Academy Of Sciences），後來並獲得機會在位於柏林的大學工作，成為威廉大帝（Kaiser

Wilhelm）物理研究所所長。但是除了這個對他甚無意義的頭銜外，這項工作對他特別具有吸引力，因為他不需要教書。（雖然愛因斯坦以親切、尊重學生為特色，講課也受到學生歡迎，然而教書會占去他研究主要興趣的時間，也就是廣義相對論。）

一九一四年，愛因斯坦到柏林與教職員會面。當他們全身上下打量他時，愛因斯坦感到有一點緊張。他寫道：「柏林的先生們在我身上下賭注，彷彿我是一隻得獎的母雞，但是我自個兒都還不知道我是否還會再下蛋。」這名三十五歲就擁有奇特政治觀與奇怪衣著的叛逆青年，很快就得適應普魯士科學院裡僵直嚴肅的風格，成員總是敬稱對方為「閣下」或「大人」。愛因斯坦思索道：「大多數會員局限自己，其書寫時似乎必須像孔雀一樣展現華麗的姿態，但他們其實相當人性化。」

愛因斯坦從伯恩專利局一躍進入德國研究的頂尖行列，這段勝利征途不是沒有個人犧牲。當他的科學聲名鵲起時，個人生活卻也開始天翻地覆。這些年似乎是愛因斯坦最多產的歲月，結下的果實終將重塑人類歷史，各種看似不可能的要求占用了他的時間，讓他疏遠家中妻小。

愛因斯坦寫道，和米列娃一起生活彷彿是住在墓園裡，兩人在一起的時候，他會盡量避免與她同處一室。他們的友人對於這該怪罪誰，抱持了不同的意見。許多人認為米列娃變得更加孤立，並且憎恨她出名的丈夫。即使是米列娃的朋友，也很難過看到她在幾年內迅速蒼老，容貌也明顯變差。她變得越加尖銳冷淡，甚至連愛因斯坦與同事相處都感到嫉妒。當她發現一封安娜·施密德（Anna Schmid）寫給愛因斯坦的恭賀信時（兩人在瑞士阿勞短暫相識，且女方後來也已結婚），米列娃終於爆發了，讓原本已經岌岌可危的婚姻，再加上一道嚴重的裂痕。

另一方面，也有人認為愛因斯坦絕非是個完美先生，他經常差旅在外，留米列娃一人獨立撫養兩名幼兒。在二十世紀初，旅行相當困難，而密集的旅行總是讓他一連離家好幾天，或是好幾星期。即使愛因斯坦在家時，這對夫妻的相處也有如黑夜裡交會而過的船隻，兩人可能只有在晚餐桌上或戲院裡短暫相聚。他是如此投入在抽象的數學世界裡，根本沒有多餘的心力與妻子交流。更糟的是，當她越是抱怨他不在家，他越會退回物理世界裡。

也許我們可以說，這兩種看法其實都有些道理，而且譴責某一方是沒有意義的。現在回顧起來，這段婚姻會經歷重重困阻，似乎是無可避免。多年前朋友說兩人不相合，也許是正確的。

但加速兩人關係惡化的原因，則是愛因斯坦接受了柏林的工作。米列娃根本不想去柏林。也許是因為身為斯拉夫人，生活在條頓文化中實在令她心生畏懼。但更重要的是，愛因斯坦有許多親戚住在柏林，米列娃害怕生活在他們嚴厲而不認同的注視下，畢竟夫家親人討厭她並不是祕密。剛開始，米列娃與孩子一同和愛因斯坦來到柏林，但是她突然回到蘇黎世，並且帶走孩子，一家人再也沒有團聚過。疼愛孩子的愛因斯坦難過不已，從那時候起他就被迫和兒子維持遠距離的關係，要從柏林到蘇黎世探訪小孩，單程得花上漫長的十小時。（祕書海倫回憶說，當米列娃最後獲得小孩的監護權時，愛因斯坦一路哭著回來。）

但也許促成兩人決裂的另一項因素，是愛因斯坦一位住在柏林的表親越加頻繁出現。後來他承認：「我過著非常退縮的生活，但是並不孤單，這要感謝一名表姐的照顧，事實上她是當初吸引我來柏林的理由。」

艾爾莎．羅文索（Elsa Lowenthal）是雙表親，她與愛因斯坦兩人的母親是姐妹，兩人的祖父則是兄弟。艾爾莎當時已離婚，帶了兩名女兒瑪格特與伊爾絲住在父母家樓上（她的父母是愛因斯坦的阿姨與姨丈）。當愛因斯坦一九一二年到訪柏林時，兩人曾短暫會面，那時愛因斯坦顯然已認清與米列娃的婚姻完了，離婚是不可避免一途。不過，他擔心離婚會對兩名小孩造成傷害。

從兒時起，艾爾莎便喜歡愛因斯坦。她坦承聽見愛因斯坦演奏莫札特時，便愛上了他。但顯然最吸引她的，在於愛因斯坦是學術界的明日之星，為世界各地的物理學家所景仰。事實上她也毫不掩飾想分享榮耀的態度。和米列娃一樣，她年紀比較大，比愛因斯坦年長四歲。不過她和米列娃的相同之處僅止於此，兩人實際上相差天南地北，逃離米列娃的愛因斯坦顯然是逃往另一個完全不同的方向。米列娃常常不注意修飾外貌，看起來很煩惱，而作風極為布爾喬亞式的艾爾莎會意識到階級之別，總是積極結交柏林的知識分子，並且驕傲地對上流社會的朋友炫耀愛因斯坦。不像米列娃簡樸、退縮又陰晴不定，艾爾莎是社交界的花蝴蝶，努力拍翅穿梭於宴會劇院間。她也不像米列娃已放棄改造自己的先生，她比較像是母親，一面投注所有心力幫助他實現使命，一面又不停改正他的行為舉止。有一位俄國的新聞記者最後總結愛因斯坦與艾爾莎之間的關係：「她全心全意愛戀她偉大的丈夫，總是準備好為他擋掉生活中不愉快的干擾，並確保他心情平靜，使得偉大的想法能夠孕育成熟。她既了解他身為偉大思考者的命運，也以作為伴侶、妻子與母親的溫柔之情，對待這個傑出、敏銳、又已經長大成人的孩子。」

當米列娃在一九一五年突如其來帶著孩子離開柏林後，愛因斯坦與艾爾莎更加親近。不過這段時間最占據愛因斯坦心靈的不是愛情，而是宇宙本身。

註釋

1. 許多傳記將愛因斯坦的想法歸溯於邁克生—摩里實驗。但愛因斯坦已在幾次場合中澄清，這個實驗對他的思考只有粗泛影響。他是透過馬克士威方程式而產生相對論，原始論文的整個精神在於相對論可揭露馬克士威方程式隱藏著對稱性，而這該提升為物理學的普遍原則。

2. 幾十年來，已出現許多矛盾的例子來顯示狹義相對論看似奇特的性質，這類問題通常都牽涉到兩個座標系，用不同速度旅行並觀察相同物體。會出現矛盾是因為每個座標系的觀察者用完全不同的方式看同一物體，幾乎所有的矛盾都可用兩種觀察解決。首先，在某個座標系中的時間收縮必須與另一個座標系的時間膨脹平衡，若我們忘記平衡空間扭曲與時間扭曲，便會出現矛盾。第二，如果我們忘記最後要結合兩個座標系，便會出現矛盾。當我們將兩名觀察者放在相同時間與空間裡比較時，才能得到誰比較年輕、哪個物體比較短的最後答案。若不把兩物體放在同一座標系，則的確可能出現兩者同時比對方年輕又短的情況，而這在牛頓物理中是不可能的。

3. 走得比光更快以便打破時間障礙回到過去，是不可能的。當速度接近光速時，質量會變得近乎無限大，物體會被擠壓到幾乎無限細，時間則幾乎停住，因此光速是宇宙的終極速限。後面提到蛀孔與愛因斯坦—羅森橋時，會討論到規避以上論述的方式。

第二篇

第二張圖象：彎曲的時空

PART 2.

SECOND PICTURE：

WARPED SPACE-TIME

第四章

廣義相對論與「我生命中最快樂的想法」

愛因斯坦仍然不滿意。他已經是當時名列前茅的頂尖物理學家，然而他並不鬆懈。他明白自己的相對論至少有兩個大漏洞，首先，這個理論完全是以慣性運動為基礎，然而在自然界裡，幾乎沒有東西是慣性的，每種東西都處於經常加速的狀態，包括震動的火車、左飄右移的落葉、地球繞日旋轉以及天體運動等。換言之相對論甚至無法解釋地球上最普通的加速運動。

第二，該理論並未談到重力。雖然號稱是普適皆然的自然對稱律，適用於宇宙各處，然而重力卻似乎超越相對論所及。這實在令人難堪，因為重力無所不在，所以相對論的缺陷明顯可見。由於光速是宇宙的終極速度，相對論稱太陽上的任何擾動需要花八分鐘才能到達地面，然而這種說法牴觸牛頓的重力理論。根據牛頓，重力效應為瞬時作用（牛頓的重力速度是無限的，因為光的速度並未出現在牛頓的方程式裡）。愛因斯坦因而需要徹底翻修牛頓的方程式，以便併入光速。

簡言之，若要擴大相對論的應用，納入加速度與重力，愛因斯坦明白這是一項工程浩大的問題。他開始將前一九〇五年的理論稱為「狹義相對論」，以區分威力更大、描述重力所需的「廣義相對論」。當他告訴普朗克這項企圖時，普朗克警告他：「身為你較年長的朋友，我必須勸你別這麼做，首先你不會成功，縱使你成功了，也不會有人相信你。」不過普朗克也明白這個問題的重要性，所以他說：「假若成功了，你將被稱為哥白尼第二。」

自由掉落的白日夢

讓愛因斯坦洞察到新重力理論的想法，發生在一九〇七年還是個基層公僕時，他尚埋首於專利審查的苦工中。他回憶道：「我坐在伯恩專利局的一張椅子上，突然間閃過一個念頭：自由掉落的人，將不會感覺到自己的重量。我呆住了，這個簡單的想法擄獲了我，驅使我研究重力理論。」

愛因斯坦在剎那間領悟到，若他掉下椅子，將會暫時失去重量。例如，若你在一具電梯內而纜索突然斷裂了，你將會呈自然掉落，且掉落速率與電梯地板相同。因為你與電梯現在都以相同速率掉落，看起來會像是你沒有重量、飄浮在空氣中。同樣的，愛因斯坦了解到如果他跌下椅子，他將會處於自由落體的狀態中，而重力效應將會正好與其加速度相互抵消，讓他看起來像是無重量般。

這是源自於伽利略的老概念，傳說他從比薩斜塔丟下一塊小石頭與一顆大砲彈，而他是第一位顯示地球上所有物體在重力（每秒增加九．八公尺／秒）作用下會以完全相同速率加速的人。牛頓了解到，當行星與月球繞著太陽或地球運轉時，其實也是處於自由落體的狀態中。每一個曾經被射進外太空的太空人也明白，重力可由加速度抵消，在火箭船裡每件東西包括地板、儀器以及太空人，皆以相同速率掉落，所以往裡面看時，每件東西都在飄浮。太空人的腳飄浮在地板上，有種重力已然消失的錯覺，因為地板與身體一同掉落。若是在太空船外面做太空漫步，並不會突然往下掉回地球，而是輕輕地在火箭旁邊飄浮，因為縱使火箭正繞著地球運轉，火箭與太空人都呈一致掉落的狀態。（許多科學書籍稱重力會在外太空中消失，這是錯誤的。太陽的重力便強大到足以使距離地球數十億哩遠的冥王星乖乖在軌道運行，所以重力並未消失，只是被太空人腳底下掉落的火箭船所抵消了。）

這稱為「等效原理」，即所有物體在重力下以相同速率掉落（或可稱為慣性質量與重力質量相同）。這的確是個老概念，對於伽利略與牛頓來說幾乎是個神奇的巧合，但是到了像愛因斯坦這等有經驗的物理學家手上，卻轉換為新相對性重力理論的基礎。愛因斯坦往前蹤躍，跨出比伽利略或牛頓更遠的步伐，他提出新的假設，也就是在廣義相對論背後的假設：在加速座標系或重力座標系裡的物理法則無可區分。了不起的是，這項簡單的陳述在愛因斯坦的手裡變成新理論的基礎，帶給我們彎曲空間、黑洞以及宇宙創生。

自從愛因斯坦一九〇七年在專利局裡靈光乍現，之後又花了數年光陰才孕育出新重力理論。一個新重力圖象從等效原理冒出，但要等到一九一一年他才開始發表構思成果。等效原理的第一項結果是：光在重力下必定會彎曲。不過重力可能會影響光束的想法並不新鮮，至少可追溯到牛頓之時。在牛頓的著作《光學》（*Opticks*）中，他思索重力是否會影響星光：「物體是否會隔著距離作用在光線上，而其作用是否會彎曲光線呢？是否在距離最短的情況下，這種作用最強呢？」可惜的是在十七世紀的科技下，牛頓並沒有答案。

但是愛因斯坦在兩百年後回到這個問題上。想像火箭船正加速往外太空飛去，在裡面打開一隻手電筒，因為火箭正往上加速，光束便向下彎曲。現在啟用等效原理，既然太空船內的物理學必定與地球上的物理學不可區分，所以意謂著重力必定也會彎曲光線。在短短幾步當中，領著愛因斯坦思考一種新的物理現象，即重力會彎曲光線，他即刻明白這種效應是可以計算的。

在太陽系中，最大的重力場是由太陽所產生，所以愛因斯坦問自己：太陽是否足以彎曲來自遠方星球的星光呢？這可以在兩個不同季節拍攝天空中相同星球集合的照片來測試，第一張照片應該在夜晚星光不受干擾時拍攝，第二張照片應該在幾個月後當太陽正位於該星群前方時拍攝。藉由比較兩張照片，我們可以測量星球在太陽附近會因為重力而發生何等偏移。因為太陽的強光會壓過來自遠方的星光，所以要做星光彎曲的實驗必須要在日蝕發生時進行，也就是當月球遮住太陽光，而白天可看見星星之際。愛因斯坦知道，比較日蝕時白天的星空照片以及一般夜晚時的星空照片，應該會證明鄰近太陽的星球位置會出現稍微扭曲。（月球的重力也會稍微偏折星光，但是比起太陽所造成的星光彎曲可謂小巫見大巫，因此日蝕時發生的星光偏折不受月球出現所影響。）

空間彎曲的新重力理論

等效原理能幫助愛因斯坦估計光束受重力拉扯的效應，但卻不能告訴他完整的重力理論，他所欠缺的是一個重力的場理論。回想馬克士威的方程式描述一個真實的場理論，力線就像蜘蛛網能夠振動與支持沿著力線前進的波。愛因斯坦要尋找的重力場理論當中，力線會支持以光速前進的重力振動。

經過幾年的密集思考，愛因斯坦約在一九一二年開始了解到，他需要徹底翻修我們對空間與時間的認知，然而這需要全新的幾何學，且超越自古希臘時代繼承而來的幾何學。將他送往彎曲時空之路的一個關鍵觀察是來自於一項矛盾，有時稱為「艾倫費斯特矛盾」，這也是朋友保羅・艾倫費斯特（Paul Ehrenfest）向他提及的看法。想像一個簡單轉木馬或是旋轉盤，當處於靜止時，我們知道其圓周率等於 π 乘以直徑，一旦旋轉木馬轉動時，外圈會比內圈速度更快，因此根據相對論，外圈會比內圈縮減更多，結果扭曲了旋轉木馬的形狀。這代表圓周長已經縮短，少於 π 乘以直徑了，也就是表面不再是平面，空間彎曲了。旋轉木馬的表面可比擬成是北極圈內的地區，在測量北極圈的直徑時，可以從圓圈上一點經北極點走到正對面一點，接著我們再測量北極圈圓周長。如果比較兩個數值，我們也會發現圓周長會少於 π 乘以直徑，這是因為地球表面是彎曲的緣故。但是過去兩千多年來，物理學家與數學家依賴以平面為基礎的歐氏幾何學，若是他們想像一個以彎曲表面為基礎的幾何學，則將會如何呢？

一旦我們了解到空間可以彎曲，一個驚人的新圖象將會湧現。想像在床上放置一塊大石頭，當然石頭會陷入床中，現在將一顆小彈珠射到床上，則彈珠不會走直線路徑，而是會沿著石頭，走彎曲路線前進。我們可以用兩種方式分析這種效應，從遠方來看，牛頓派可能會說石頭有一股神祕的「力」拉彈珠，迫使彈珠改變路徑，這種力雖然看不見，但是會向外伸出影響彈珠。然而相對論者可能會看到一幅完全不同的圖象，當相對論者細看床鋪時，當中並沒有會拉彈珠的作用力，只是床上有些凹陷，這凹陷決定了彈珠的運動方式。當彈珠移動時，床面會「推」彈珠直到它順著圓圈運動。

現在以太陽取代石頭，以地球取代彈珠，以空間與時間取代床鋪。牛頓會說看不見的力稱為「重力」，會拉著地球繞太陽運轉。愛因斯坦則會回答說，根本沒有重力在拉，地球繞著太陽轉，是因為空間本身的曲率在推地球。在某個意義上，重力並未拉，而是空間在推。

在這張圖象裡，愛因斯坦能夠解釋為何太陽上的任何擾動需要花八分鐘才抵達地球。例如，如果我們突然移走石頭，則床鋪就會彈回正常狀態，也會在床面創造以一定速度前進的漣漪。同樣地，如果太陽消失了，將會創造彎曲空間的震波，並且以光速行進。這幅圖象如此簡單優美，讓愛因斯坦能夠將理論的精華解釋給次子愛德華聽。他問說為何爸爸這麼有名，愛因斯坦回答：「當一隻瞎眼的甲蟲爬過彎曲的樹枝時，沒注意到自己爬行的路徑實際是彎曲的，我很幸運注意到甲蟲沒有注意到的事情。」

牛頓在其歷史性著作《自然哲學的數學原理》（*Philosophiae Naturalis Principia Mathematica*）承認道，他無法解釋這股遍及宇宙、即時作用的神祕拉力起源何處，他說出「我不虛構假設」（hypotheses non fingo）的名言，因為自己無法說明重力來自何處。而從愛因斯坦這方，我們看到重力是由於空間與時間彎曲所造成，現在「力」被認為是一種錯覺，是幾何學的副產品。在這幅圖象裡，我們之所以站立在地面上，不是因為地球的重力將我們往下拉。根據愛因斯坦，並沒有重力的拉力存在，地球彎曲我們周遭的時空體，所以是空間將我們往下推往地面。因此，是物質會彎曲周遭的空間，物質的出現讓我們有一種錯覺，誤以為有一股重力作用在拉附近的物體。

這種彎曲當然是看不見並且有距離的，所以牛頓的圖象看起來是正確的。想像螞蟻走在一張皺皺的紙上，試著走一條直線，結果螞蟻走過紙張摺層時，會發現自己不斷被拉到左邊或右邊。對於螞蟻，好像是有一股神祕的力量將自己拉往左右兩邊。然而對於觀看螞蟻的旁人來說，根本沒有什麼作用力，只不過是紙張彎彎曲曲在推螞蟻而已，卻讓螞蟻產生錯覺以為有作用力存在。回想牛頓認為空間與時間提供了所有運動的絕對參考座標，然而愛因斯坦卻認為可將空間與時間看做動態的角色；若空間是彎曲的，則任何人在此間運動時，將會認為神祕的力量正作用在自己身上，將自己推向某一邊。

廣義相對論的發展歷程

愛因斯坦將時空比喻成可以伸縮屈張的組織，結果他被迫要研究曲面的數學。然而他很快發現自己被埋在數學泥沼當中，找不到正確的工具來分析自己新的重力圖象。曾經嘲諷數學為「多餘學識」的愛因斯坦，現在正為當年在技術學院蹺掉數學課而付出代價。

在絕望之餘，愛因斯坦求助於友人格羅斯曼。「格羅斯曼，你得幫幫我，不然我要發瘋了！」愛因斯坦求救：「這一生中我從來沒有像這樣折磨自己過，我現在對數學肅然起敬，雖然當初認為沒有必要，如今看起來卻很微妙！跟這個問題比起來，原來的相對論不過是家家酒。」

當格羅斯曼查閱過數學文獻後，他發現很諷刺的是，愛因斯坦所需要的基本數學，原來真的在技術學院教過。在波恩哈德・黎曼（Bernhard Riemann）於一八五四年所發展出來的幾何學裡，愛因斯坦終於發現足以描述時空彎曲的數學。（後來當愛因斯坦回首掌握新數學是如何困難時，他告訴一群國中學生：「不要擔心你在數學上碰到的困難，我可以保證我的麻煩還更大呢！」）

在黎曼之前，數學是以歐氏幾何為基礎，也就是平面幾何學。幾千年來，學童承受希臘幾何定理歷久不衰的煎熬；其指稱三角形的內角和等於一百八十度，平行線永遠不會交錯。俄國的尼古拉・羅巴切夫斯基（Nicolai

Lobachevsky）與奧匈帝國的亞諾什・鮑耶（János Bolyai）這兩名數學家，差一點點就發展出非歐氏幾何學，也就是說，三角形內角和可以是大於或小於一百八十度。不過，非歐氏幾何學理論最後是由「數學王子」卡爾・弗里德里希・高斯（Carl Friedrich Gauss）以及學生黎曼所提出，其中黎曼的貢獻尤其大。（高斯懷疑歐氏理論在物理上也可能是不正確的，他叫助手到哈茲山上打燈，試著透過實驗計算出由三座山頂所形成的三角形之內角總和，可是卻得到否定結果。高斯也是相當謹言慎行的人，他從未發表這個敏感主題的研究，擔心捍衛歐氏幾何學的保守人士會大怒。）

黎曼則是發現全新的數學世界，即任意維度當中的曲面幾何學，而非局限於二或三個空間維度。愛因斯坦深信，這些較高階的幾何學將對宇宙產生更正確的描述，「微分幾何」的數學語言第一次走進物理世界。微分幾何學或張量微積分是任意維度曲面的數學，曾經被認為是最「沒有用」的數學分支，不具任何物理內容，突然間卻變成宇宙本身的語言。

在大多數傳記中，愛因斯坦的廣義相對論完整呈現於一九一五年，彷彿他有魔法般毫無失誤地推出一個完整的理論。不過到最近幾十年來，才有人分析愛因斯坦的一些「失落筆記」，用來填補一九一二年到一九一五年間的諸多空白。如今我們可以建構出（有時甚至是按月）這項偉大理論的關鍵演化，特別是愛因斯坦試圖推導協變原理的過程。如我們所見，狹義相對論是根據洛侖茲協變的想法而來，即物理方程式在洛侖茲變換下保持相同形式。現在愛因斯坦將這點推導到所有可能的加速度與轉換，而非僅限於慣性運動。換句話說，他希望不論使用何種座標系，不論是加速或等速運動，方程式都維持相同的形式，每組座標系都以三個空間維度和一個時間維度來描述。愛因斯坦所渴求的理論是，無論使用何種距離與時間座標來測量，該理論皆能維持原來的形式。他因而提出著名的「廣義協變原則」：物理方程式必須是廣義協變（亦即在任何座標轉變下必定保持相同形式）。例如，想像對桌面撒一張漁網，漁網代表一個任意的座標系統，桌面區域代表在漁網扭曲下仍然相同的東西；無論我們如何扭扯捲拉漁網，桌子面積仍然保持相同。

一九一二年，愛因斯坦意識到黎曼數學正是重力的正確語言，且在廣義協變法則的引導下，他在黎曼幾何學裡尋找廣義協變的物體。令人驚訝的是，他只找到兩個協變量：彎曲空間的體積，以及此種空間的曲率（稱「里奇曲率」〔Ricci curvature〕）。這帶來無比幫助：摒除了所有可能構成重力理論的要素，廣義協變原則引領愛因斯坦在一九一二年形成一個完全正確的理論，這距離他檢閱黎曼研究（以里奇曲率為基礎）不過短短幾個月。不過，基於某種理由，他丟棄一九一二年的正確理論，開始去追求不正確的想法。愛因斯坦到底為何丟棄正確的理論，對於歷史學者一直是個謎，直到最近失散的筆記發現後才揭曉。原來，那年當他從里奇曲率上建構出正確的重力理論時，他犯了一項關鍵錯誤，他認為這項正確的理論違反所謂的「馬赫原理」。馬赫原理的一個特別版本指稱，宇宙裡出現的物質與能量單獨決定了周遭的重力場。一旦我們給定某些行星與恆星團，則這些行星與恆星周遭的重力也固定了。例如，想想看丟一塊小石頭到池塘裡，一旦我們知道小石頭的正確大小，則將可決定池塘所受的扭曲；同樣地，若我們知道太陽質量，將能決定太陽周遭的重力場。[1]

這就是愛因斯坦犯錯之處。他認為根據里奇曲率而來的理論違反了馬赫原理，因為物質與能量的出現並未單獨限定周遭重力場。愛因斯坦和朋友格羅斯曼一起合作，試著發展比較狹義的理論，即只在旋轉（而非一般加速度）下能保持協變的理論。不過因為他放棄協變原則，結果沒有清楚的路徑指引，使他白白花了三年遊蕩在愛因斯坦—格羅斯曼理論的荒野裡，而這個理論既不優美也沒用處，連牛頓的弱重力場方程式也無法導出。愛因斯坦或許擁有地球上最佳的物理直覺，然而他卻沒有善加使用。

在探求最後的方程式之際，愛因斯坦將重點放在三項關鍵的實驗上：日蝕時星光彎曲、紅移（red shift）、水星近日點，這些或許可證明他對彎曲空間與重力的想法。在一九一一年他還沒有研究彎曲空間時，愛因斯坦甚至寄望派遣一支探險隊到西伯利亞，觀測一九一四年八月廿一日即將發生的日全蝕，以便尋找太陽所造成的星光偏折。

當時的天文學家埃爾溫・弗倫狄區（Erwin Freundlich）即將出發調查那

次日蝕。而愛因斯坦是如此深信自己研究的正確性，一開始他甚至願意自掏腰包贊助這項雄心壯志的計畫。他寫道：「如果失敗了，我願意從微薄的積蓄支付至少兩千馬克。」最後，有一名富有的實業家同意提供經費。弗倫狄區在日全蝕發生前一個月便動身到西伯利亞，結果德國對俄國宣戰，他與助手成了戰囚，設備也遭到沒收。（從後見之明來看，一九一四年的探索未能成功，對於愛因斯坦倒是好事一樁。若是能進行實驗，則結果當然不吻合愛因斯坦根據不正確理論所推得的預測值，而他整個計畫恐怕就此蒙塵。）

接下來，愛因斯坦計算重力如何影響光束的頻率。若是火箭從地球發射到外太空，地球的重力會試圖拉回火箭，火箭在抵抗重力拉回的時候，也會失去能量。同樣地，愛因斯坦了解到若光線由太陽發射，則重力會對光束產生一股拖曳的力道，使光束喪失能量；雖然光束不會改變速度，但是當光束對抗太陽重力而失去能量時，其波長頻率將會減低，也就是當光束離開太陽的重力拖拉時，從太陽發出的黃色光線，將會減低頻率而變成較紅的顏色。不過，重力紅移是極為微小的效應，愛因斯坦對於其實驗證明也不抱太大的幻想。（還要再等上四十年，才能在實驗室裡看見重力紅移。）

最後，愛因斯坦著手解決一個陳年問題：為何水星軌道稍微偏離了牛頓法則呢？正常來說，行星在繞轉太陽時會形成完美的橢圓，除非是受到鄰近行星重力的輕微擾動（這會造成像雛菊花瓣般的軌道）。不過縱使扣除鄰近行星的干擾後，水星軌道仍然存在偏離牛頓法則的誤差，雖然不大，但很明顯。這種偏差稱為「近日點推動」，首先於一八五九年由天文學家奧本．勒威耶（Urbain Leverrier）所觀察到，他計算出每百年會有四十三．五角秒的微小偏移，是牛頓法則所不能解釋的。（牛頓運動法則出現誤差並不新鮮，在十九世紀早期，天文學家對於天王星軌道帶有相似的偏差也感到困惑，他們面對嚴酷的選擇：不是全然棄絕運動法則，便是得假設另有不知名的行星影響天王星軌道。當一八四六年在牛頓法則所預測的地點發現一顆新行星海王星之後，物理學家才得以鬆了一口氣。）

但水星依舊是個謎。天文學家並未摒棄牛頓，而是秉持傳統，假設有顆新行星「火神星」存在，在水星軌道內繞著太陽運轉。不過天文學家不斷搜尋天空，卻都找不著這個行星存在的實證。

愛因斯坦準備接受更激進的解讀：也許牛頓法則本身並不正確，或者至少不完整。浪費三年在愛因斯坦—格羅斯曼理論後，一九一五年十一月他又回到一九一二年所放棄的里奇曲率，結果看見關鍵的錯誤。（因為里奇曲率在給定物質下產生不只一個重力場，看似有違馬赫原理，所以遭到愛因斯坦丟棄；但後來因為廣義協變，他明白其實這些重力場在數學上相符，並且會產生相同的物理結果。這讓愛因斯坦深深感受到廣義協變的威力：該原則不僅嚴格限制可能的重力理論，也會產生獨特的物理結果，因為許多重力解答是相等的。）[2]

這也許是愛因斯坦一生中心力投注最深的時刻，他埋首在最後的方程式中，摒絕所有分心事物，不斷鞭策自己看能否計算水星的近日點。從他散失的筆記中看出，他會一再提出答案，然後毫不留情地檢查，是否能重新複製牛頓在弱重力場極限下的舊理論。這項工作極為繁瑣，因為愛因斯坦的張量方程式含有十個方程式，不像牛頓只有單個方程式。若這個答案不成，他會再試另一個解答，看看是否會複製出牛頓的方程式。這個耗費心神、艱鉅無比的任務最後在一九一五年十一月底完成，也讓愛因斯坦精疲力盡。利用他在一九一二年的舊理論，經過長時間的繁瑣計算，他發現他的方程式預測出水星軌道偏離值為每百年四十二．九角秒，在可接受的實驗限制內。愛因斯坦太震驚了，簡直不敢相信。這真是令人振奮的消息，因為這是第一次有了堅固實證，證明其理論是正確的。他回憶道：「有好幾天我樂飄飄的，我最大膽的夢想成真了。」愛因斯坦這一生的夢想——找出重力的相對論方程式，已經實現了。

讓愛因斯坦最興奮的是，透過廣義協變的抽象數理原則，他能推導出確切的實證結果：「想像我對廣義協變的實用性，以及對方程式能正確產生水星近日點運動的結果，是多麼快樂！」有了新理論，他接著計算星光受太陽的曲折。他將彎曲空間加入理論中，結果最後的答案是一．七角秒，是原估計值的兩倍（約兩千分之一度）。

他深信這個理論是如此簡單、優美、有力，沒有物理學家能逃避它催眠的魔力。他寫道：「真正了解的人，都無法逃離這個理論的迷人魅力，這個理論美妙無比。」廣義協變的原理是如此強大的工具，有如奇蹟一般，用來描述宇宙結構的最終方程式竟然只有一吋長。（現代的物理學家對於如此簡短的方程式，居然可以重製宇宙的創生演進，莫不感到驚嘆不已。物理學家維克托・威斯克夫（Victor Weisskopf）將這種驚嘆感覺，比喻成農夫初次見到牽引機，當農夫檢查過牽引機，並偷看車蓋底下後，他困惑地問：「但是馬在哪裡呢？」）

唯一稍損勝利風光之事，是與大衛・希伯特（David Hilbert）的小小優先權之爭。希伯特也許是當時世上最偉大的數學家，當愛因斯坦的理論發展到最後階段，只差幾步便要完成時，他在哥廷根（Cöttingen）為希伯特上了六次兩小時的講課。當時愛因斯坦缺乏某些數學工具（稱「畢昂齊恆等式」（Bianchi identities）），使他無法從一個稱為「作用量」的簡潔形式推導出最後的方程式，後來希伯特補上最後一步計算，寫下作用量，然後獨自發表最後結果，比愛因斯坦提早六天。愛因斯坦並不高興，他覺得希伯特企圖填上最後一步，然後竊取廣義相對論而拿走所有功勞。後來兩人間的裂痕彌補了，但自此之後愛因斯坦更加謹慎，避免太過輕易分享成果。（推導出廣義相對論的作用量，今日稱為「愛因斯坦—希伯特作用量，希伯特可能是受到驅使，而完成愛因斯坦理論的最後一小部分，因為就如他常說：「物理太重要了，無法獨留給物理學家。」也就是說，物理學家很可能沒有足夠的數學技巧來探索自然。其他數學家顯然也持有類似觀點，像數學家菲力克斯．克萊因〔Felix Klein〕也抱怨說愛因斯坦不是天生的數學家，而是在隱晦的物理哲學衝動下做研究。這可能就是數學家與物理學家本質上的差異，也是為何數學家經常無法發現新的物理定律，他們善長處理自我一致的小系統，就像是孤立的區域。然而，物理學家處理的是許多簡單的物理原則，可能需要許多數學系統來解答。雖然自然的語言是數學，然而自然背後的驅動力似乎是這些物理原則，例如相對論與量子理論。）

一次大戰期間的紛擾

愛因斯坦新重力理論的新聞被戰爭爆發打斷了。一九一四年南斯拉夫一位沒沒無名的公爵遭到暗殺，觸發當時最血腥的戰事，將英國、奧匈、俄國與普魯士等帝國捲入毀滅性衝突，犧牲了數千萬年輕人的性命。幾乎在一夕之間，原本安靜、卓越的德國大學教授變成嗜血的國家主義分子，柏林大學幾乎全部的教職員都捲入戰爭熱潮，全副精力都投到戰爭上。為了響應德皇，九十三位知名的知識分子簽署惡名昭彰的「致文明世界宣言」(Manifesto to the Civilized World)，號召所有人民接受德皇統御，共同反抗「俄國大軍、蒙古人、黑人聯合起來對付白種人的結盟」。這份宣言合理化德國入侵比利時一役，並驕傲地宣稱：「德國軍隊與德國人民合而為一。這份意識團結七千萬德國人，不分教育、階級或貧富。」即使是愛因斯坦的恩人普朗克也簽署聲明，聲名卓著的克萊因、物理學家威廉・侖琴（Wilhelm Roentgen，X光發明者）、瓦爾特・能斯特（Walther Nernst）、奧茲瓦也如此。

愛因斯坦是堅定的和平主義者，他拒絕連署這份宣言。艾爾莎的醫生葛歐格．尼克萊（Georg Nicolai）是有名的反戰分子，他邀請一百名知識分子簽署反宣言聲明。然而由於強大的戰爭狂熱襲捲德國，所以只有四個人真的簽名，其中之一便是愛因斯坦。愛因斯坦只能搖頭表示不可置信：「真不敢相信歐洲放任愚蠢出籠，」他傷感地加上：「此時此刻，讓人了解到人類屬於一種可憐的動物。」

一九一六年，愛因斯坦的世界再度受到撼動，這次是一項令人震驚的消息，他抱持理想主義的好朋友阿德勒，也就是當初大方放棄蘇黎世大學的教職而讓位給他的物理學家，竟然在維也納一家擁擠的餐館裡暗殺奧地利總理卡爾．馮史特克伯爵（Karl von Stürgkh），嘴裡還喊道：「暴政必亡！我們要和平！」舉國都為奧地利社民黨創始者之子犯下行刺元首罪，與全國人民為敵的新聞，感到驚愕不已。阿德勒立刻被送入監獄，可以會處以死刑，在等候審判時，他開始回到物理這項最喜愛的消遣，並著手撰寫一篇探討愛因斯坦理論的長篇論文。在暗殺總理引起的紛擾騷動，以及可能面對刑罰的狀況下，他卻沉浸在自己已發現相對論有一個重大錯誤的想法中。

阿德勒的父親維克多（Viktor）找到唯一可能幫兒子脫罪的藉口。他知道家族有精神病史，所以主張兒子精神失常，並請求寬赦。為證明發瘋，維克多指出兒子正試圖否定愛因斯坦廣被接受的相對論。愛因斯坦願意當人證，不過並未被傳喚。

雖然法庭原先判阿德勒有罪，將處以絞刑，但後來為愛因斯坦等人代表他上訴，結果改判為終身監禁。（諷刺的是，隨著一次世界大戰後政府垮台，阿德勒於一九一八年釋放，並且獲選為奧地利國民大會代表，成為勞工運動中最受愛戴的人物之一。）

戰事以及為創造廣義相對論所需要的大量心力，無可避免地犧牲愛因斯坦原本便時好時壞的健康，一九一七年他痛苦倒下了，幾乎面臨崩潰。[3] 這艱鉅的任務把他搞得如此虛弱，甚至無法離開住家，結果短短兩個月內，他的體重狂降五十六磅（約二十五．五公斤）之多。瘦得像皮包骨的他覺得自己快要因癌症病死了，不過後來診斷出只是胃潰瘍。醫生建議他完全靜養，並改變飲食。在這段期間，艾爾莎經常陪伴他，照顧衰弱的愛因斯坦慢慢回復健康。他與艾爾莎及其兩個女兒變得更加親近，後來更搬到她隔壁的公寓居住。

一九一九年六月，愛因斯坦終於與艾爾莎結婚。艾爾莎對於知名教授應該如何穿著打扮有著強烈定見，她幫助他從一位單身的波希米亞教授，蛻變成優雅、顧家的好好先生，或許也幫助他準備好邁入人生的新階段，躍上世界舞台成為英雄人物。

註釋

1. 正確地說，馬赫原理指物體的慣性（與質量）是由宇宙裡所有其他的質量（即遙遠的星球）所造成。馬赫重新提出牛頓時代便明白的一項觀察：一桶水旋轉時表面會凹陷（因為離心力），當旋轉得越快，則表面凹陷會越明顯。若所有運動都相對（包括旋轉），則我們可將一桶水視為靜止，所有的遠方星球都繞著它轉動。馬赫認為，在這種情形下水面的凹陷正是由遠方星球旋轉所造成，因此遠方星球的存在會決定水的慣性特質，包括其質量。愛因斯坦修正此法則，指出引力場是受到宇宙間質量分布所唯一決定。

2. 廣義協變指方程式在座標改變後仍保持相同形式（現今稱「規範轉換」）。愛因斯坦在一九一二年時並未了解到，這意謂其理論的物理預測在座標改變後仍會保持相同形式，因此一九一二年他很驚駭地發現，其理論對於太陽周圍的重力場會給予無限多的解。但三年後，他突然了解這些解全部都描述相同的物理系統，即太陽。里奇曲率是完美明確的數學量，能唯一描述星球周圍的重力場，這符合了馬赫原理。

3. 第一次世界大戰引起的混亂，幾乎使柏林大學關閉。當時學生控制住校園與校長，教職員立刻請愛因斯坦幫忙協調釋放人員。愛因斯坦又找物理學家波恩來幫忙，冒著危險去跟學生談判。波恩後來寫道，他們行經「巴伐利亞區，一路行道上都是眼神狂野、激情叫囂的年輕人，身上帶著紅標章……眾人皆知愛因斯坦縱使不是『紅派』，也算政治左翼，是與學生談判的理想人選。」

學生們認出愛因斯坦，向他們要求若新選出來的社會民主黨總統弗里德里希・厄伯特（Friedrich Ebert）能授權，他們將會釋放俘虜。愛因斯坦與波恩於是到官邸懇求總統，他同意下令釋放囚犯。波恩回憶道：「我們情緒激昂地離開官邸，感覺參與了一次歷史事件，並真心希望普魯士傲慢的時代已經完了，所有破舊習俗、階級霸權、官僚派系、軍隊等也一併離去，讓德國民主獲得最終的勝利。」愛因斯坦與波恩這兩位對原子與宇宙祕密特別感興趣的物理學家，顯然找到更能實際發揮天才的地方：拯救自己的學校！

第五章
新哥白尼

愛因斯坦剛從一次大戰的紛擾混亂中恢復過來，便迫不急待等著分析下次日全蝕，這次天文事件即將出現在一九一九年五月二十九日。一名英國科學家亞瑟・艾丁頓（Arthur Eddington）熱切期待這項關鍵實驗，想測試愛因斯坦的理論。艾丁頓是英國皇家天文學會祕書，使用望遠鏡進行天文觀測以及鑽研廣義相對論的數學對他同樣駕輕就熟。他還有進行日全蝕實驗的另一個理由：他是貴格會教徒，基於和平主義信仰而無法在一次大戰時加入英國軍隊；事實上，他已準備好隨時入監服刑，也不願意受徵召從軍。由於劍橋大學校方擔心若是一位年輕明星因反戰拒服兵役而坐牢，恐怕會變成醜聞，所以便與政府協商緩召，約定他所應盡的國民責任，就是在一九一九年領導探險隊去觀測日蝕，測試愛因斯坦的理論。所以，現在艾丁頓正式為戰事盡一份愛國義務，率領探險隊去驗證廣義相對論。

艾丁頓駐紮在西非外海幾內亞灣的普林西比島（Principe），另一隊由安德魯．克羅瑪林（Andrew Crommelin）領軍，航行到巴西北方的索布拉爾（Sobral）。當時天氣不佳，烏雲密布遮蓋住太陽，整個實驗幾乎要泡湯。但烏雲奇蹟似地散開了，正好足夠拍攝下午一點半的星星。

不過還要再等幾個月後，探險隊才能回到英國並仔細分析資料。當艾丁頓終於把照片和數月前在英國用相同望遠鏡取得的照片比對，發現平均偏折為一．六一角秒，而索布拉爾隊得到一．九八角秒的數值。平均下來，他們計算出一．七九角秒的偏折，證實愛因斯坦一．七四角秒的預測在實驗誤差內。艾丁頓後來高興地說，能夠證實愛因斯坦的理論，是他一生中最棒的時刻。

一九一九年九月廿二日，愛因斯坦終於接到洛倫茲傳來的電報，通知他這個好消息。愛因斯坦興奮地寫信給母親：「親愛的母親，今天有好消息，洛倫茲打電報給我，說英國探險隊真的驗證了太陽會偏折光線。」普朗克顯然是通宵熬夜等待結果，想看看日蝕資料是否會證實廣義相對論。愛因斯坦後來開玩笑說：「如果他真的懂廣義相對論的話，他會像我一樣上床去睡覺的。」

雖然科學界開始謠傳著愛因斯坦新重力理論的驚人消息，但是直到一九一九年十一月六日英國皇家學會與皇家天文學會在倫敦聯合召開會議，這項大消息才真正公諸於世。一夕之間，愛因斯坦突然從柏林一名卓越資深的教授，一躍成為世界知名人物，成了牛頓之後超越群倫的繼承者。在那場會議上，哲學家阿爾弗雷德・懷海德（Alfred Whitehead）注意到：「會場上有股興致高昂的氣氛，正像希臘戲劇一般。」法蘭克・戴森（Frank Dyson）爵士第一位發言，他說：「在仔細研究過照片後，我要說他們毫無疑問地證實了愛因斯坦的預測。現在已經得到明確的結果，證明光會根據愛因斯坦的重力法則彎曲。」諾貝爾物理獎得主J・J・湯姆森（J. J. Thomson）位居皇家學會主席，嚴肅表示這是「人類思想上最偉大的進步之一」。這次發現的並非只是個小島，而是整個科學思想的新大陸。這是繼牛頓發表定律後，與重力有關的最偉大發現。」

根據傳說，當艾丁頓離開大會後，另一位科學家攔下他問道：「謠傳全世界只有三個人懂得愛因斯坦的相對論，你一定是其中一人。」艾丁頓沉默不答，所以那人接著說：「艾丁頓，您別謙虛了。」只見艾丁頓聳聳肩說：「不會啊，我只是在想第三人是誰。」

第二天，《泰晤士報》刊出顯眼標題：「科學革命——宇宙新理論——牛頓遭推翻——重大宣布——空間會扭曲」。（艾丁頓寫信給愛因斯坦：「全英國都在談論您的理論……對英德兩國之間的科學關係來說，這是再好不過的事情了。」倫敦的報紙也語帶肯定地指出，愛因斯坦當年並未簽署惡名昭彰的宣言，該份九十三名德國知識分子的連署聲明曾激怒英國知識分子。）

世人看待廣義相對論

艾丁頓是愛因斯坦在英語世界最有力的宣傳者與教育者，他迎向所有的挑戰，捍衛廣義相對論。就像前一個世紀的湯瑪斯．赫胥黎（Thomas Huxley）

充當「達爾文的看門犬」，在虔信上帝的英國維多利亞社會中推廣被視為異端的演化論，艾丁頓也用盡自己的科學聲譽及高超的辯論技巧來提倡相對論。這個貴格會教徒及猶太人之間的奇異組合，將相對論帶進了英語世界。

突然間這則新聞充斥世界各媒體，許多報紙措手不及，急忙四處尋找懂物理的人。《紐約時報》匆忙派遣報社的高爾夫球專家亨利．克勞區（Henry Crouch），負責報導這個突發事件，過程中平添許多錯誤。《曼徹斯特衛報》（*Manchester Guardian*）則指派音樂評論家來報導這則新聞。後來英國《泰晤士報》要求愛因斯坦在一篇文章中介紹他的新理論。為了說明相對論原理，他在《泰晤士報》上寫道：「現今我在德國被稱為德國的科學人，在英國人家介紹我是瑞士猶太人。如果我後來被大家討厭，則差異便可倒過來，我會變成德國人眼中的瑞士猶太人，英國人眼中的德國科學人。」

很快地，數百份報紙爭著要獨家專訪這位公認的天才，因為他是哥白尼與牛頓的繼承人。愛因斯坦被趕著截稿時間的記者團團包圍，似乎全世界每份報紙都在追蹤這條頭版新聞。也許大眾已被第一次世界大戰的燒殺擄掠搞得精疲力盡，早已準備好迎接這一號神話人物，他探測到人們對於天體星球最深處的想像與傳說，而這些神祕詭譎早就隱藏在夢想裡。而且，愛因斯坦重新定義了天才的形象，他看起來不是個遙不可及的人物。大眾很高興這位星球使者是一位年輕的貝多芬，他有著飛翹的頭髮以及皺巴巴的衣服。他會和新聞界說俏皮話，讓群眾為他的出口成章和雙關語開懷不已。

他寫信給友人：「現在每位車夫與侍者會爭辯相對論到底對不對，人們對這件事的看法依所屬政黨而定。」但是當新鮮感消退後，他開始體會到出名之苦，他寫道：「自從報紙開始浮濫報導，我快被一大堆問題、邀請和挑戰淹沒了。我夢到自己正在地獄裡承受烈焰焚燒，而郵差變成魔鬼，他不斷對我大吼，又把一綑信件砸向我頭頂，因為舊的信件我還沒回哪！」他下結論說：「這個世界是個奇怪的瘋人院，」而他正是「相對論馬戲團」的中心。他感嘆道：「現在我覺得自己像娼妓，每個人都想要知道我正在做什麼。」好奇人士、怪人、馬戲團行銷者，都搶著要分食亞伯特．愛因斯坦。柏林畫報（*Berliner Illustrite Zeitung*）詳細刻畫了這位突然成名的科學家所面對的一些問題，他拒絕倫敦百樂廳（Palladium）訂票中心的大方邀請，將他與喜劇演員、走鋼索、吞火表演者一同畫在海報上。愛因斯坦總是能禮貌婉拒會讓他成為窺視對象的邀約，但他卻沒有辦法阻止嬰兒用品，甚至是雪茄廠牌用他的名字命名。

像愛因斯坦如此重大的發現，難免會招致懷疑的陣營展開反擊。懷疑派人士以《紐約時報》為領軍，當他們從被英國媒體挖走獨家新聞的震驚中回神，《紐約時報》的編輯取笑英國人如此容易受騙，這麼快就接受愛因斯坦的理論。《紐約時報》寫道：「一聽到愛因斯坦的理論得到照片的驗證，英國人似乎被一種知識恐慌給震懾住了……等他們了解到太陽顯然還是從東邊升起時，才慢慢恢復過來。」讓紐約的編輯特別感到苦惱並起疑的是，世界上根本沒有幾個人懂相對論。他們喊道這簡直是不美國、不民主的；這個世界是否被一個惡作劇的人給騙了呢？

在學術圈裡，懷疑派則由哥倫比亞大學天體力學教授查爾斯・布耳（Charles Poor）帶頭發難。他提出錯誤的指控：「該理論如愛因斯坦所指稱的正當天文證明，根本不存在。」布耳將相對論的作者比喻成是數學暨小說家路易斯．卡羅（Lewis Carroll）書裡的角色：「我已經讀過第四維度、愛因斯坦相對論、對宇宙構成種種猜想等文章了；在讀完之後，我的感覺正如參議員白蘭德基參加華盛頓一場慶祝晚宴之後的感受，他說道：『我覺得好像和愛麗絲一起走進奇幻仙境，跟瘋帽客一道喝茶。』」工程師喬治．吉利提（George Gillette）怒氣沖沖地指出，相對論是「鬥雞眼的物理學……完完全全瘋了……心神喪失的低能產物……胡說八道的爛貨……沒有意義的巫毒。到一九四〇年的時候，相對論將會被當成笑話。愛因斯坦已經死了，和安徒生、格林兄弟、瘋帽客葬在一起。」諷刺的是，歷史學家還記得這些人的唯一原因，是他們對相對論徒勞而頑固的抵抗。好科學的特色是，物理並非取決於人緣比賽或《紐約時報》的編輯，而是由仔細的實驗來定奪。普朗克提出量子理論而面對圍剿狠批時，他曾經說過：「新科學真理之所以能夠盛行，並不是因為反對者宣布自己被說服或相信了，而是因為反對者逐漸死去，年輕一代從一開始即熟悉真理所致。」愛因斯坦自己也曾說過：「偉大心靈總是會遭到平庸之輩的激烈反對。」

愛因斯坦不幸受到新聞界的奉承諂媚，為他招致越來越多仇恨、嫉妒、偏執的誹謗大軍。在物理界痛恨猶太人最惡名昭彰的是雷納德，也就是建立光電效應與頻率基本關係的諾貝爾獎得主，其研究成果最終是由愛因斯坦的光量子理論所解釋。米列娃到海德堡時，甚至上過雷納德的課。然而雷納德以充滿威嚇的文章攻擊愛因斯坦是「猶太騙子」，而相對論「從一開始便可以預測了——如果種族理論更加普及的話，因為愛因斯坦是猶太人。」最後，雷納德變成反相對論聯盟的頭頭，誓言將「猶太物理」趕出德國，確立亞利安人物理的純正性。他絕非是物理圈的異數，許多德國科學名人也加入行列，包括諾貝爾獎得主約翰那斯・史塔克（Johannes Stark）與漢斯・蓋革（Hans Geiger，蓋革計數器發明人）。

一九二〇年八月，這群惡毒的詆毀人士訂下柏林巨大的愛樂廳，專門做為相對論的批鬥會場。令人驚訝的是，愛因斯坦也坐在觀眾席中。他勇敢面對憤怒的講者，這些人當著他的面痛批他追名逐利，是剽竊者也是江湖術士。緊接下個月又是另一場批鬥，這次是德國科學學會在巴德諾海姆（Bad Nauheim）所召開的會議上。武裝警察守在大廳門口，阻止各種示威或暴力發生。當愛因斯坦試著回答雷納德一些激動的指控時，觀眾對他嘲弄叫囂。這些喧鬧攻防的新聞登上倫敦報紙，英國民眾聽到謠言說德國偉大的科學家即將被逐出德國了。結果德國駐倫敦外交辦公室代表為了平息這種傳言，表示若愛因斯坦離開德國，對於德國科學將會有毀滅性影響，而且「我們不會趕走這種人……他可以做為我們文化宣傳的利器。」

猶太身分認同與打擊

隨著世界各角落的邀請湧至，一九二一年四月愛因斯坦決定利用新擁有的名氣聲望，為相對論也為自己其他的使命做宣傳，包括和平主義與猶太復國運動。他終於重新發現自己的猶太血統，[1] 在與朋友顧爾特・布魯曼菲（Kurt Blumenfeld）多次長談後，他開始完全體悟到猶太人民許多世紀以來所承受的深切苦痛，他寫道，布魯曼菲「讓我意識到自己的猶太靈魂」。一位猶太復國運動的領導人詹・魏茲曼（Chaim Weizmann）很想利用愛因斯坦做為號召，為耶路撒冷的希伯來大學籌措經費，計畫包括送愛因斯坦到美國核心地區巡迴旅行。

當愛因斯坦搭乘的輪船泊靠在紐約港，他立刻被一群急欲目睹他風采的記者所包圍。群眾列隊在紐約街道上迎接他的車隊，當他從敞篷的豪華汽車裡揮手致意時，人車響起歡呼聲。有人朝著艾爾莎丟一束花，她忍不住嘆道：「真像是巴南的馬戲團！」愛因斯坦開玩笑說：「紐約的女士每年都追求一種新流行，今年的年度時尚就是相對論。」他還說：「我有什麼江湖術士或催眠師的能耐，可以像小丑一樣吸引大家圍觀嗎？」

一如預期，愛因斯坦引起大眾的強烈興趣，振奮了猶太復國運動的使命與精神。善意人士、好奇人士以及猶太崇拜者擠滿他所演講的禮堂，曾經有一回，八千名群眾擠進曼哈頓第六十九團兵工廠，門外還有三千人擠不進去，仍然急切等待一睹天才的面貌。愛因斯坦訪問紐約市立學院則是旅程中的一次高潮，為愛因斯坦演講留下許多紀錄的伊西多・拉比（Isidor Rabi，後來成為諾貝爾物理獎得主），驚奇地發現愛因斯坦不像其他物理學家，他擁有吸引群眾的領袖魅力。（直到今天，紐約市立學院全體學生圍繞著愛因斯坦的照片，仍然懸掛在校長辦公室內。）

離開紐約之後，愛因斯坦如同旋風般遊經美國幾個主要城市。在克里夫蘭，三千名群眾圍住他，幸好他躲過了「可能的嚴重傷害，多虧一群猶太退役軍人奮力擋住瘋狂想要見他的群眾」。在華盛頓，他與華倫．哈丁總統（Warren G. Harding）會面，可惜的是兩人無法溝通，因為愛因斯坦不會說英語，而哈丁也不會說德語或法語。（愛因斯坦這一趟旋風之旅，總共募集到將近一百萬美元的捐款，單是他在華爾道夫旅館〔Waldorf Astoria Hotel〕對八百位猶太醫生的一場演講，就從賓客間募得了二十五萬美元的捐獻。）

愛因斯坦的美國之旅，不僅為千百萬的美國人介紹空間與時間的奧祕，同時也再度肯定他自己對猶太使命深摯的投入。成長於一個舒適、中產階級的歐洲家庭裡，他未能直接接觸到世界各地貧困的猶太人。「這是我人生中第一次看見猶太大眾，」他回憶道：「在我到美國之前，從未發現過猶太民族。我之前曾經見過許多猶太人，但無論在柏林或德國其他地方，我並未遇見過猶太民族。在美國我看見了來自蘇聯、波蘭，甚至來自東歐各地的猶太民族。」

美國之行結束後，愛因斯坦到訪英國，在那兒遇見坎特伯里的大主教。他對大主教保證，相對論不會損害人們對宗教的信仰與虔誠，讓這位神職人士安了心。他與羅斯契爾德（Rothschild）家族午餐時，遇見偉大的古典物理學家瑞利勳爵（Lord Rayleigh），他對愛因斯坦說：「如果您的理論是正確的，那據我了解……則像諾曼征服的事情還沒有發生。」當他被介紹給霍丹勳爵（Lord Haldane）與其女兒認識，她一見著他便昏倒了。愛因斯坦也前往牛頓墓地致意，他安葬在英國最神聖的西敏寺裡，愛因斯坦注視著墓碑並獻上花環。一九二二年三月，愛因斯坦受邀前往法國學院（Collège de France）演講，在那裡他受到巴黎記者的包圍，接著又是龐大群眾的圍繞。一名新聞記者讚嘆：「他已經變成最偉大的時尚。學術界、政治家、藝術家、警察、計程車司機以及扒手都知道他何時演講，敏銳的巴黎知道每件事情，所談論的比所知道的愛因斯坦還更多。」不過這趟旅行也伴隨著一些爭議，一些科學家尚在舔舐一次大戰的傷口，他們抵制愛因斯坦，拒絕出席，理由是德國沒有加入國際聯盟。①（巴黎一份報紙嘲弄回應：「如果有德國人發明治療癌症或肺結核的藥物，這三十個學界人士還會等到德國變成國際聯盟的成員才用藥嗎？」）

然而愛因斯坦回到德國後，卻受到戰後柏林不穩定的時局所影響。那時政治暗殺當道，不祥的氣氛籠罩。一九一九年社會主義領導分子蘿莎．盧森堡（Rosa Luxemburg）與卡爾．李克涅克特（Karl Liebknecht）都遭到暗殺，一九二二年四月德國外交部長瓦爾特．拉特努（Walther Rathenau），在行車時遭到衝鋒槍射殺身亡，他是一名猶太物理學家，也曾是愛因斯坦的同事。幾天之後，一名同樣傑出的猶太人馬克西米利安．哈頓（Maximilian Harden）在另一次暗殺中身受重傷。

德國宣布舉國哀悼一日，戲院、學校、大學都關閉一天以追悼拉特努。葬禮儀式在國會大廈舉行，百萬民眾在旁默哀，然而雷納德拒絕停掉一天海德堡物理研究所的講課。（之前他還提倡要殺掉拉特努，在國喪日當天，一群工人試圖說服雷納德取消上課，卻被從二樓潑下來的水打濕了。結果這群工人衝進所內，將雷納德拖出來。當警方趕到時，他們正要將他丟進河裡去。）

那年，柏林有位年輕的德國人魯道夫．萊巴斯（Rudolph Leibus）被控告懸賞謀殺愛因斯坦等幾位知識分子，他說：「射殺這些煽情和平主義的領導分子，是盡一種愛國義務。」法院判決他有罪，但只需繳交十六元罰金。（愛因斯坦對這些反猶太分子或瘋子的威脅看得很認真。曾經有個精神異常的蘇聯移民尤金妮婭．狄克森〔Eugenia Dickson〕寫了一連串威脅信給愛因斯坦，說他假冒真正的愛因斯坦，並曾試圖衝進他家殺了他。但是在這個瘋女人攻擊到愛因斯坦之前，艾爾莎在門口與她扭打，最後制服了她並叫了警察。）

---

① 編按：一次大戰後為維持和平而組成的國際組織。

面對這股反猶太人的危險浪潮，愛因斯坦把握機會再踏上另一次世界之旅，這次是到東方。之前哲學家暨數學家伯納．羅素（Bertrand Russell）正在日本巡迴演講，主辦單位詢問他是否可以推薦一些當代傑出人士到日本演說，結果他立刻提名列寧與愛因斯坦，而既然列寧不可能前往，所以便邀請了愛因斯坦。愛因斯坦也接受邀約，並在一九二三年一月啟程長途旅行。他寫道：「人生就像是騎腳踏車，為保持平衡必須一直前進。」

在前往日本與中國的途中，愛因斯坦從斯德哥爾摩接到許多人認為是遲來的消息，電報證實他已贏得諾貝爾物理獎。但是他不是因成就最高的相對論得獎，而是因為光電效應。當愛因斯坦在翌年發表諾貝爾得獎演說時，他照舊震驚全場觀眾，對於人們所預期的光電效應隻字不提，而是談論了相對論。

愛因斯坦是物理界能見度最高、最受敬重的人物，為何卻要等待如此漫長的時間才拿到諾貝爾獎呢？更諷刺的是，他從一九一〇年到一九二一年間還被諾貝爾獎委員會拒絕八次之多。在那段期間，已經有眾多實驗驗證了相對論的正確性。斯文・赫定（Sven Hedin）是諾貝爾獎提名委員會的一員，他後來承認問題出在雷納德，他在其他評審之間有極強的影響力，包括赫定在內。身為諾貝爾得主的物理學家羅伯特・密立根（Robert Millikan）也回憶說，當時提名委員會對於相對論的問題有分歧，最後指派一名委員去評估理論：「這位委員花上所有時間研究愛因斯坦的相對論，卻一直無法了解，因此不敢冒險頒獎給相對論，以免日後發現這個理論是錯的。」

依照承諾，愛因斯坦將諾貝爾獎金悉數寄給米列娃（在一九二三年為三萬兩千美元），做為部分贍養費用。米列娃最後用這筆錢，在蘇黎世購買了三間公寓。

成名後愛因斯坦的科學與信仰

到了一九二〇和三〇年代，愛因斯坦已經躍為世界舞台上的巨人。[2]報紙媒體爭相訪問，他微笑的臉出現在新聞片段，各方懇求他演講的邀請快將他淹沒，新聞記者不敢漏掉他生活中的芝麻小事。愛因斯坦開玩笑說自己好比是邁達斯王（King Midas）[2]，只差他所碰觸過的東西都變成新聞標題了。有人請一九三〇年紐約大學的學生舉出世界上最受歡迎的人物，他們第一選擇查爾斯・林白（Charles Lindbergh）[3]，第二便是愛因斯坦，排名遠在好萊塢電影明星之上。愛因斯坦所到之處，一現身便會引來人山人海。例如，四千人為擠進紐約自然歷史博物館觀看說明相對論的影片，幾乎引發一場暴動。一群工業家甚至集資在德國波茨坦（Potsdam）建造愛因斯坦天文台，這棟外觀未來感十足的天文台完成於一九二四年，擁有一座五十四呎的高塔，放置一具觀日用望遠鏡。各地的藝術家與攝影家都想捕捉到天才的神情風采，讓愛因斯坦在個人工作描述上列出「藝術模特兒」一項。

不過，這回他在世界各地旅行時並沒有疏忽太太，重蹈過去對米列娃所犯下的錯誤。他帶著艾爾莎一同會見名人、皇室與權力之士，讓她高興萬分，對先生也回報以崇拜、讚美，並與他共同分享舉世榮耀。她「溫柔、溫暖、有如慈母一般，也是最典型的布爾喬亞，樂於照顧她的小艾伯特」。

一九三〇年，愛因斯坦展開第二次成功的訪美之旅。當他造訪聖地牙哥時，幽默家威爾．羅傑斯（Will Rogers）注意到愛因斯坦：「他和每個人吃飯，和每個人聊天，還為每個還有底片的人擺姿勢；他參加每場午宴、每場晚宴、每場首映會、每場婚禮以及三分之二的離婚。事實上，他做人那麼好，讓大家沒敢問他的理論是什麼。」他造訪加州理工學院，以及威爾森山的天文台，與天文學家埃德溫．哈伯（Edwin Hubble）見面，哈伯已經證實愛因斯坦對宇宙的部分理論。愛因斯坦也造訪好萊塢，獲得巨星級招待。

一九三一年，他與艾爾莎參加卓別林電影《城市之光》（*City Lights*）的世界首映會，群眾爭相目睹這位被好萊塢貴族簇擁、舉世聞名的科學家。在電影開演時，觀眾瘋狂歡迎卓別林與愛因斯坦，卓別林說：「人們鼓掌歡迎我，是因為每個人都懂我；他們鼓掌歡迎你，是因為沒有人懂你。」愛因斯坦對於名人能引起群眾狂熱感到困惑，他問卓別林這一切代表了什麼，卓別林很

---

② 編按：希臘神話中如願獲得點石成金能力的國王。

③ 編按：一九二七年完成首次橫越大西洋的飛行。

聰明地回答：「沒什麼。」（當愛因斯坦造訪紐約著名的河濱教堂時，他看到自己的肖像出現在一片繪有世界偉大哲人、領袖與科學家的彩繪玻璃窗上，他開玩笑說：「我能想像他們會把我變成猶太聖哲，但我從來沒有想到我會變成清教徒的聖哲！」）

人們也一再追問愛因斯坦對於哲學與宗教的看法，一九三〇年他與諾貝爾文學獎得主、印度的神祕主義詩人泰戈爾會面，吸引相當多媒體關注。他們兩人搭成一對，愛因斯坦有一大叢白色亂髮，泰戈爾則留有一大把白色的長鬍子。有位新聞記者說道：「看他們在一起很有趣，泰戈爾是有哲人頭腦的詩人，而愛因斯坦則是有詩人頭腦的哲人，旁觀者看來好比是兩顆星星相聚談天。」

自從孩提時代讀過康德以後，愛因斯坦對於傳統哲學抱持懷疑，常常覺得哲學已淪為浮誇又簡略的咒語招數。他寫道：「所有哲學不就是以蜜糖寫成的嗎？冥想哲學的時候似乎很美妙，但是當下一次再看著哲學時，所有感覺又消失了，只剩多愁善感而已。」對於世界是否能獨立於人類存在而存在的問題，泰戈爾與愛因斯坦的交流迸出了火花。泰戈爾抱持神祕思想，認為人類存在（human being）對於真實為必要，而愛因斯坦回答：「從物理觀點來看，世界確實是獨立於人類意識而存在。」雖然他們對於物理真實的問題存有不同意見，對於宗教與道德的問題則找到多一點共識。在道德領域上，愛因斯坦相信道德是由人性而非由上帝定義。「道德是最重要的——對人類最重要，而非對上帝。」愛因斯坦說道：「我反對個人不道德的行為，我認為倫理道德是人類獨有的問題，背後並沒有超越人類的權威在支配。」

雖然對傳統哲學抱持懷疑，愛因斯坦仍然非常尊重宗教所探討的神祕性，特別是存在的本質。他寫道：「科學無宗教是跛足，宗教無科學是眼盲。」他也將科學的源頭，歸諸於這份對神祕的敬重：「在科學領域內所有好的猜想，都是從一種深沉的宗教感覺中躍出，」愛因斯坦寫道，「一個人所能擁有最美、最深刻的經驗，就是神祕感覺，這是宗教、也是所有認真創作的藝術與科學之根柢原則。」他結語說：「如果我身上有一些可以稱為宗教信仰的東西，都必定是我對目前科學所能揭露的世界結構，具有無止盡的崇敬之心。」他對宗教最優雅明確的看法，也許是寫於一九二九年的一段話：「我不是無神主義者，我也不認為自己是泛神主義者。我們就像是一個小孩子進入一間巨大的圖書館裡，裡面充滿用許多不同語言寫成的書籍。小孩子知道一定是有人寫了這些書，但不知道用什麼方法，也不了解這些語言。小孩只是隱約猜想書籍排列方式有一種神祕的秩序，但又不知道是什麼秩序。在我看來，那才是面對上帝的態度，即使是最聰明的人也該如此。我們看到一個宇宙以奇妙的方式排列，並遵守某些法則，但我們只隱約懂得這些法則，由於心智有限，實在無法掌握移動星群的神祕力量。我對斯賓諾莎的泛神理論很感興趣，但更欣賞他對現代思想的貢獻，因為他是第一位將靈魂與軀體合而為一的哲學家，而不是當成兩件分開的事情。」

愛因斯坦後來常常會區分兩類上帝，這在宗教的討論上經常被人混淆。第一種是個人的上帝。就是會回答祈禱者、分開海水以及實現奇蹟的上帝。這是《聖經》的上帝，會介入調停的上帝。另一種是愛因斯坦相信的上帝，是斯賓諾莎的上帝，是創造簡潔優美法則來支配宇宙運行的上帝。

即使身邊媒體馬戲團圍繞著，愛因斯坦奇蹟似地從未喪失焦點，將全副精力投注在探索宇宙法則上。不論是在橫越大西洋的輪船或是長途火車上，他很有紀律地隔絕掉所有分心事物，並專心在自己的研究上。而這段時間愛因斯坦最感關注的，是他的方程式解決宇宙結構的能力。

註釋

1. 要指出的是，持猶太復國主義的同事們常會擔心，素以直言聞名的愛因斯坦，將說出他們不認同的話。例如，愛因斯坦曾經認為猶太人的國家應該設在祕魯，他強調猶太人居住的地方，不應該有人得被迫離開家園。他也常說猶太人與阿拉伯人之間應該友愛互重，認為這對於在中東成功創建猶太國家是絕對重要的因素。有一次他寫道：「我更樂意見到與阿拉伯國家和平共存，甚於創建一個猶太國家。」

2. 愛因斯坦是德國社交圈的雄獅，他的身邊經常圍繞著一群爭相聆聽其智慧機鋒的貴婦人，許多人慷慨解囊，助他達成使命心願，偶爾一些人會派私家禮車到卡布斯的夏日度假屋，接他去募款餐會或音樂會，這些難免會引起緋聞。若是追蹤這些謠傳的根源，可以發現主要是來自夏屋女佣赫塔．渥爾朵（Herta Waldow）的回憶，她將故事賣給媒體。不過，她並沒有任何愛因斯坦發生婚外情的證據，也承認這些上流貴婦接送愛因斯坦時，一定會致贈巧克力給艾爾莎，避免失禮。另外，曾經幫忙設計卡布斯夏屋的建築師康拉德．華舒曼（Konrad Wachsmann）觀察愛因斯坦的家庭，認為這些來往完全無害，他相信本質上「幾乎沒有例外」都是柏拉圖式的交往，愛因斯坦從未跟這些女人搞婚外情，對艾爾莎不忠實。

第六章

大霹靂與黑洞

宇宙有開始嗎？宇宙是有限或無限？它會有結束嗎？當愛因斯坦開始自問相對論對於宇宙學有何說法時，他就像先人牛頓一樣，遇到數百年來困擾物理學家的相同問題。

一六九二年在牛頓完成《自然哲學的數學原理》五年後，接到一封來自神職人員理察・班特利（Richard Bentley）的信，讓牛頓困擾許久。班特利指出，若重力只有引力而不會相互排斥，那麼任何靜止的星球系統勢必會使自己崩塌。這個簡單卻又中肯的觀察很令人困惑，因為宇宙看來似乎夠穩定，然而若時間足夠，宇宙間的重力將會使整個宇宙崩塌！在宇宙學中重力都是引力，班特利挑出任何宇宙學都會面臨的一個關鍵問題：有限的宇宙必然是不穩定與動態的。

思考過這個擾人的問題之後，牛頓回信給班特利，指出宇宙若要避免這種崩塌，則必然具備無限、均勻的星球集合。若宇宙確實是無限，那麼每個星球在每個方向受拉力均勻，如此一來，縱使重力完全是引力，宇宙也能保持穩定。牛頓寫道：「若物質在無限空間裡均勻配置，則將永遠不會聚成一團……則太陽與固定的星球才可能形成。」

但若是做出這種假設，會引起另一個更深的問題，稱「奧伯詭論」（Olber's paradox）。問題很簡單：為什麼夜空是黑的？如果宇宙果真是無限、靜止與統一的，那麼無論往哪裡看，視線最後都會遇上一顆星球，也就是說應該會有無限的星光從各方向射入眼睛裡，所以夜空也應該是白亮而非黑暗的。因此，假若宇宙是均勻而有限的，則宇宙將會崩塌；若宇宙是無限的，則天空應該是亮得不得了。

宇宙學常數的用意和意外結果

兩百多年後，愛因斯坦以不同的形式面對了相同問題。一九一五年，宇宙是一個相當舒適的地方，人們認為宇宙是由一個靜態、單獨的星系——銀河系所構成，這片畫過夜空的明亮光帶，是由成千上百億星球所組成。但是當愛因斯坦開始解自己的方程式時，他遇到了之前沒有預料到的困擾。他假定宇宙間充滿星球與塵雲，並且氣體近似於均勻分布。然而他卻吃驚地發現宇宙是動態的，具有擴張與收縮的傾向，絕非是穩定的。他很快發現自己身陷流沙裡，這些宇宙學問題許久前便困惑著牛頓等哲學家與物理學家。有限宇宙在重力下根本不可能保持穩定。

愛因斯坦被迫像牛頓一樣去面對收縮或擴張的動態宇宙，卻還沒有準備好丟棄一般認為宇宙是永久、靜態的看法。革命家愛因斯坦此時仍然不夠顛覆，無法接受宇宙正在擴張或具有開始。他的解題相當薄弱。一九一七年他引用一個「外加因子」即「宇宙學常數」到方程式裡，此因子代表具排斥性的反重力，可平衡重力的引力，令宇宙保持靜態。

為了找出變通的方法，愛因斯坦想到廣義協變（也就是廣義相對論背後主要的數學原則）允許兩種可能的廣義協變量：里奇曲率（廣義相對論的基石）與時空體積。因此，在方程式中加入另一個與宇宙體積呈比例的項，是能夠符合廣義協變原理的。換句話說，宇宙能量賦予能量給空無一物的空間，此反重力項現在稱為「暗能量」，是完全真空中的能量，能將星系推開或是將星系拉在一起。愛因斯坦所選擇的宇宙學常數值，恰好可抵消重力所造成的收縮，所以宇宙可保持靜態。不過他並不滿意，因為這似乎只是個騙人的數學把戲，但是如果想保持靜態宇宙，他又別無選擇。（還要再等上八十年的時間，天文學家才找到宇宙學常數的證據，該常數現在已被認為是宇宙最主要的能量來源。）

接下來幾年，當愛因斯坦的方程式陸續出現解答，這個謎題更加深奧了。一九一七年荷蘭物理學家威廉・德西特（Willem de Sitter）發現愛因斯坦方程式可能有一個怪解答：一個沒有任何物質的宇宙，但仍然是擴張的！所需要的只是宇宙學常數（真空的能量），就能驅使宇宙擴張。這讓愛因斯坦困擾不安，因為他仍然像之前的馬赫一樣相信，時空本質應該是由宇宙的物質成分來決定，然而這裡卻出現一個不需要任何物質、只需要暗能量就能將自己外推的擴張宇宙。

最後是由亞歷山大．費里德曼（Alexander Friedmann）於一九二二年，以及比利時神父喬治．勒梅特（Georges Lemaître）於一九二七年跨出重大的一步，他們證明愛因斯坦方程式中會導出一個擴張的宇宙。費里德曼得出愛因斯坦方程式之解，起始於一個均勻、各向等同（isotropic）、半徑會擴張或收縮的宇宙（可惜費里德曼於一九二五年因傷寒死於列寧格勒，尚未能進一步演算出解答）。在費里德曼—勒梅特圖象裡，有三種可能的宇宙，依其密度而定。若宇宙密度大於某臨界值時，則宇宙擴張終將被重力逆轉，宇宙也會開始收縮（臨界密度大約是每立方碼十個氫原子）。在這種宇宙裡，總曲率為正（有如球面有正曲率）。若宇宙密度小於臨界值時，由於沒有足夠重力來逆轉宇宙擴張，則宇宙會無限制擴張下去（最後宇宙會擴張到溫度逼近絕對零度，也就是所謂的「大冷凍」〔big freeze〕）。在這種宇宙裡，總曲率為負（有如馬鞍或喇叭表面為負曲率）。最後一種可能的宇宙，則是在臨界值維持良好平衡（在這種情形下，宇宙仍會繼續無限擴張下去），這種宇宙曲率為零，所以為平坦宇宙。因此，宇宙命運或可被決定，原則上只要測量平均密度即可。

這方面的進展很混亂，對於宇宙的演化至少出現三套宇宙學模型（愛因斯坦、德西特與費里德曼－勒梅特等）。這個問題懸而未決，直到一九二九年才終於由天文學家哈伯揭曉，其結果撼動了天文學基石，哈伯首先證明銀河系之外還有其他星系存在，粉碎了單一星系宇宙理論。（宇宙不是只有一個星系、內含成千上百億星球，而是包含億萬個星系、每個星系又是由億萬個星球所構成。就在一年間，宇宙尺度突然大爆炸了。）哈伯發現可能有幾十億個星系存在，而離地球最近的星系是兩百萬光年遠的仙女座星系。（英文的「星系」〔galaxy〕來自於希臘文的「牛奶」，因為希臘人認為銀河系是神祇潑灑在夜空上的牛奶。）

這個驚人的發現就足以讓哈伯名列青史，躋身天文巨人之列。但哈伯又更進一步。一九二八年他做了一趟重要的旅行到荷蘭拜訪德西特。德西特宣稱愛因斯坦廣義相對論所預測的是一個擴張的宇宙，其中紅移與距離之間具有一個簡單關係：星系距離地球越遠，則遠離速度會越快。（這種紅移與愛因斯坦在一九一五年所想的紅移，稍微有點不同；這裡的紅移是因為星系在擴張的宇宙中遠離地球而造成。例如，有一顆黃星球離開我們，雖然光束速度保持相同，但由於波長「延長」，黃星球的顏色因而變紅。同樣地，若是有一顆黃星球朝地球接近，其波長會縮短，就像擠壓手風琴一般，顏色便會變得更藍些。）

當哈伯回到威爾森山（Mt. Wilson）的天文台後，他開始對星系紅移進行系統性測量，以驗證這種相關性是否確實存在。他知道天文學家維斯托・斯利佛（Vesto Slipher）早在一九一二年發現某些遠方的星雲具有紅移，代表它們正在遠離地球。現在哈伯有系統地計算遠方星系的紅移，發現這些星系都正離地球而去，換句話說，宇宙正以神奇的速度擴張當中。哈伯發現自己的資料吻合德西特所做的猜想，現在則稱為「哈伯法則」：星系離開地球的速度越快，代表它們離我們越遠（反之亦然）。

哈伯畫出距離對速度的關係，結果得到一條直線，正如廣義相對論所預測，如今其斜率稱為「哈伯常數」。而哈伯則很想知道自己的結果是否與愛因斯坦的理論相容。（可惜的是，愛因斯坦的模型有物質但無運動，德西特的宇宙有運動但無物質，哈伯的結果似乎符合費里德曼與勒梅特的研究，其理論同時具備物質與運動。）一九三〇年，愛因斯坦到威爾森山天文台朝聖，這是他第一次與哈伯會面。（當地天文學家吹噓他們擁有全世界最巨大的一百吋望遠鏡，可以確定宇宙結構組織，然而艾爾莎不為所動地說道：「我先生在一封舊信封背後便可以做到了。」）當哈伯向愛因斯坦說明他分析許多離銀河遠去的星系所獲得的辛勞成果，愛因斯坦承認宇宙學常數是他生命中最大的錯誤。原本愛因斯坦想用宇宙學常數創造一個靜止的宇宙，現今卻沒有用了，宇宙確實如費里德曼所言正在擴張中。

再者，愛因斯坦的方程式也許是哈伯法則最簡單的推演。假設宇宙是個漲大的汽球，星系是畫在汽球上的許多小黑點。對於坐在任何一點上的螞蟻而言，好像每個點都正在離他而去；同樣地，黑點離螞蟻越遠，則遠去速度越快，正如哈伯法則所示。因此，愛因斯坦的方程式為古老的問題帶來新的洞見，例如宇宙是否有盡頭呢？如果宇宙終點是牆壁，那麼我們可以問：牆壁後面是什麼？哥倫布可能會考慮到地球形狀來回答這個問題。在三維度中，地球是有限的（像一顆球浮在空間裡），但是在二維度中，地球看起來是無邊界的（如果一直繞著圓周走的話），走在地球表面的人永遠不會碰到盡頭。所以地球同時是有限與無限，端賴我們以幾維度來測量。同樣地，我們也可以說宇宙在三維度裡是無限的，太空中沒有磚牆代表宇宙盡頭，火箭送上太空時永遠不會撞上什麼宇宙牆壁。然而，宇宙在四維度裡可能是有限的。（若宇宙是四維度或超維度的球體，則我們有可能穿越宇宙，然後回到出發點。在這種宇宙裡，用望遠鏡看到最遠的物質是自己的後腦勺。）

如果宇宙以某種速度擴張，我們可以倒轉擴張，計算擴張大約開始的時間。換句話說，宇宙不僅有一個開始，我們更可以計算宇宙的年齡（二〇〇三年，衛星資料顯示宇宙年齡為一百三十七億年）。一九三一年，梅勒特提出宇宙起源於一個超熱的誕生。若從愛因斯坦方程式出發，根據邏輯推算則可證明宇宙有個驚天動地的起源。

一九四九年，宇宙學家弗雷・霍伊（Fred Hoyle）在ＢＢＣ的廣播節目中，將此命名為「大霹靂」理論。由於他正在推動一個敵對的理論，因此傳說他取名「大霹靂」其實是一種侮辱（他後來否認了這項說法）。不過這裡必須指出，這個名字其實完全不恰當，因為宇宙起源並不「大」，也不是「霹靂」。宇宙起源於一個無限小的「奇異點」（singularity），而且一開始並不是一般人所稱的爆炸，只是空間本身擴張而將星星推開。

方程式解出了更多宇宙現象

愛因斯坦的相對論不僅帶來前所未見的概念，如擴張宇宙與大霹靂，同時也引進了一個天文學家從此著迷的新概念：黑洞。一九一六年，就在愛因斯坦發表廣義相對論隔年，他驚訝地得知，一名物理學家卡爾・史瓦茲卻德（Karl Schwarzschild）已經解出其方程式在單一點狀星球情況下的正確解。先前，愛因斯坦只能使用廣義相對論方程式的近似解，因為他們太複雜了。史瓦茲卻德讓愛因斯坦大感欣喜，因為他找到一個精確的解答，而不再只是近似值而已。雖然史瓦茲卻德貴為波茨坦天文台台長，但他自願入伍德軍到俄羅斯前線。身為一個躲在戰壕裡聽頭頂炸彈開花的阿兵哥，他竟然還能排除萬難研究物理，實在令人讚嘆。他不僅能計算德軍砲彈的軌道，更算出愛因斯坦方程式最優美精確的解答，現在稱為「史瓦茲卻德解」。（史瓦茲卻德不幸英年早逝，無法享受其解答所帶來的名聲。雖然他是相對論新領域最閃亮的明星之一，得年卻只有四十二歲，在論文發表後幾個月，便因在前線染上一種罕見的皮膚病而死亡，使科學界蒙受損失。愛因斯坦為史瓦茲卻德致獻上感人的悼詞，他的逝世更加深愛因斯坦對無謂戰爭的痛恨。）

「史瓦茲卻德解」在科學圈引起大騷動，更算出奇特的結果。史瓦茲卻德發現緊鄰該點狀星附近，重力強到即使光線本身也無法逃脫，所以星球變得看不見了！這對於愛因斯坦的重力理論是很棘手的問題，對牛頓理論也一樣。早在一七八三年，英國索恩希爾（Thornhill）教區長約翰・密謝爾（John Michell）提出一個問題，指星球的質量是否會大到連光線也無法逃脫。他的計算只用到牛頓法則，加上沒人知道光速究竟為何，因此其計算並不可靠。然而，他的基本結論卻很難駁斥。原則上，星球的質量是有可能大到讓光線繞著它運轉。十三年後，數學家皮耶—西蒙・拉普拉斯（Pierre-Simon Laplace）在其名著《宇宙體系論》（*Exposition du système du monde*）中，也談論了「黑暗星球」的可能性（不過也許是這個猜想太過荒誕，他在第三版時把它刪了）。幾百年過去之後，史瓦茲卻德讓黑暗星球的問題再度浮上檯面，他發現在星球附近有一種「神奇圓圈」，現稱為「事件視界」（event horizon），會發生不可思議的時空扭曲。史瓦茲卻德證明，任何人若不幸通過事件視界，將永遠不會回來（必須要快過光速才有辦法逃脫，但這是不可能的）。事實上，事件視界裡面的任何事物都無法逃脫，光線也不例外。從這顆點狀星所發射出的光線，只會繞星球轉。從外面看，這顆星彷彿隱身於黑暗中。

我們可以用史瓦茲卻德解計算一般物質要壓縮到何種程度，才能到達這種神奇圓圈，稱為「史瓦茲卻德半徑」，此際星球將會完全崩陷。對於大陽而言，史瓦茲卻德半徑為三公里，地球則是小於一公分。（在一九一〇年代，這個壓縮作用實在超過現實所能理解，當時物理學家認為我們不可能會遇到這種神奇的物體。）但是當愛因斯坦越深入研究這些星球（後來由物理學家約翰・惠勒〔John Wheeler〕命名為黑洞），它們的特質變得越奇怪。例如，當你掉入黑洞時，剎那間便會通過事件視界。一旦你剛通過事件視界，將會看到繞著黑洞、已被困住萬世萬代之久的光線。最後一瞬間不會太好受，因為重力會大到將你體內的原子擊個粉碎，死亡無可避免，極其恐怖。但是，在安全距離之外觀看宇宙死刑的旁觀者，仍會看到完全不同的景象。你身體所發射出來的光線會被重力拉長，所以看起來你好像凍住了，對於別人來說，你似乎還懸在黑洞之外，一動也不動。

這些星球太過神奇了，絕大多數物理學家都認為宇宙裡可能永遠也不會發現它們。艾丁頓便說：「應該會有自然法則阻止星球出現如此荒謬的行為。」一九三九年，愛因斯坦試圖用數學證明這種黑洞是不可能的。他從星球的形成著手，研究一群粒子在太空裡旋轉，受重力作用而逐漸拉攏靠近。愛因斯坦的計算顯示，這群旋轉的粒子集團會漸漸壓縮，但只會擠壓到史瓦茲卻德半徑一・五倍，因此黑洞永遠不可能形成。

雖然這個計算看來相當縝密，但愛因斯坦顯然漏掉星球本身物質發生內爆的可能性，也就是重力擠壓勝過物質內部所有的原子核力。更詳細的計算是在一九三九年由J・羅伯特・歐本海默（J. Robert Oppenheimer）與學生哈特蘭・斯奈德（Hartland Snyder）所發表，他們並非假設太空裡一團旋轉粒子，而是假設一個巨大靜止的星球，強大的重力會遠遠勝過星球內部的量子作用。例如，中子星約是曼哈頓（二十哩寬）大小，完全由中子組成，就像是巨大的原子核。防止這球中子崩塌的力量是費米力，亦即防止具有相同量子數（如自旋）的粒子們處於相同狀態。如果重力夠大的話，將能克服費米力，將星球擠壓到史瓦茲卻德半徑之內，此刻以現知的科學也沒有辦法阻止星球崩塌。不過，由於人類還要再等三十年才找到中子星與黑洞，當時偵測奇異現象的黑洞論文多半受到高度質疑。

雖然愛因斯坦對於黑洞抱持懷疑，但他確信假以時日「重力波」的預測一定會應驗。先前提過馬克士威方程式曾成功預測，振盪的電場與磁場會創造可觀察到的前進波。同樣地，愛因斯坦想知道自己的方程式是否允許重力波存在於牛頓世界裡，重力波不能存在，因為重力之「力」會即時穿透宇宙，同時接觸到所有物體。但是在相對論中，重力波必須存在，因為重力場的振動無法超越光速。如此一來，當發生兩個黑洞碰撞等巨變時，將會釋放重力震波（即重力波），並以光速前進。

早在一九一六年，愛因斯坦已經證明只要利用適當的近似值，其方程式會產生重力類似波動的行為，這些波以光速在時空之網傳播，一如預期。一九三七年在學生納森．羅森（Nathan Rosen）的協助下，愛因斯坦找到其方程式的精確解答，這不再只是個近似值。重力波成了廣義相對論的一個肯定預測。不過愛因斯坦很悲觀，認為自己不可能親身目睹這類事件，因為計算顯示，波動的大小遠遠小於當時科學實驗能力所及。（自從愛因斯坦在方程式中第一次發現重力波，還要再等待近八十年的時間，諾貝爾獎才頒發給首度找到重力波間接證據的物理學家。第一次直接偵測到重力波可能要在預測九十年以後才發生。這些重力波很可能是用來探測大霹靂、發現統一場論的最終工具。）①

一九三六年，一名捷克工程師魯迪・曼德爾（Rudi Mandl）聯絡愛因斯坦，提出一個關於空間與時間奇特性質的想法。他問鄰近星球的重力是否可用來做為透鏡，放大從遙遠恆星來的光線，就如同用玻璃鏡片來放大太陽光一般。愛因斯坦在一九一二年就曾經想過這個可能性，而受到曼德爾所提醒，他著手計算出對於地球上的觀察者而言，重力透鏡會形成一個環狀圖案。例如，想像從遙遠星系來的光線正經過一個鄰近星系，鄰近星系重力可能會將光線分成兩半，每一半往相反方向繞過該星系，當光線完全通過鄰近星系時，兩邊會重逢。從地球看，將會看到光束變成一環光圈，這種光學幻覺是因為光線經過鄰近星系時發生彎折所致。不過，愛因斯坦認為「沒有多大希望能直接觀察到這種現象」，他寫道，這項研究「無甚價值，卻能使這個可憐的傢伙（曼德爾）感到快樂。」愛因斯坦又再次遠遠超越他的時代，需要再等六十年，所謂的愛因斯坦透鏡與愛因斯坦環才會被發現，最終並成為天文學家探索宇宙時不可或缺的工具。

雖然廣義相對論如此成功且影響深遠，卻沒讓愛因斯坦準備好在一九二〇年代中期面對人生之戰，一方面是發明統一場論以統一物理法則，一方面還要與「惡魔」量子理論奮戰。

---

① 編注：一九九三年，諾貝爾獎頒發給拉塞爾．赫爾斯（Russel Hulse）和約瑟夫．泰勒（Joseph Taylor），表彰其發現兩顆中子星互相旋繞的研究。兩顆中子星互繞，其周期越來越短，很可能是透過重力波釋放能量，間接證實了重力波存在。於本書第九章將有更詳細的解釋。二〇一七年，諾貝爾獎頒給萊納．魏斯（Rainer Weiss）、基普．索恩（Kip Thorne）及巴里．巴利許（Barry Barish）三位科學家，他們所屬的LIGO計畫（雷射干涉儀重力波天文台〔Laser Interferometer Gravitational-Wave Observatory〕）於二〇一五年首度偵測到重力波訊號通過其觀測器，直接證實了重力波存在。此據愛因斯坦一九一六年的預測，已過了將近百年。

第三篇

未完成之圖象：統一場論

PART 3.

THE UNFINISHED PICTURE:
THE UNIFIED FIELD THEORY

第七章 統一與量子挑戰

一九〇五年，愛因斯坦剛完成狹義相對論，對此馬上失去興趣，因為他將視野放在更大的挑戰上，即廣義相對論。一九一五年歷史重演，當他完成重力理論後，隨即又將焦點放在企圖心更大的計畫上，即統一場論，希望結合重力理論與馬克士威的電磁理論。這應該是他的曠世鉅作，也是科學界兩千年來探索重力與光線本質的登峰造極之作，將賜給他「閱讀上帝旨意」的能力。

愛因斯坦並不是第一位提出電磁與重力之間有關係的人。十九世紀在倫敦皇家研究院工作的法拉弟，首度探索這兩種普遍作用力之間的關係，例如，他從倫敦橋上丟下磁鐵，看看其下降速度與普通石頭有何不同。若磁力會與重力交互作用，也許磁場會對重力施力，使得磁鐵以不同速率掉落。他也將不同的金屬片從講台上丟到地板的墊子上，想試看看掉落時是否會引發金屬內部的電流。雖然所有實驗結果都是否定的，不過他寫道：「雖然實驗並未有此種關係存在的證據，這些結果並未動搖我對重力與電力之間存在一種關係的強烈信念。」另外，奠定任何維度彎曲空間理論的黎曼也強烈相信，重力與電磁力可簡化成純粹的幾何關係，可惜他沒有任何物理圖象或場方程式來支持，這個想法也只能不了了之。

愛因斯坦有回以彈珠與木頭來比喻他對於統一理論的態度。愛因斯坦認為，彈珠代表漂亮的幾何學世界，表面彎曲是平滑又連續。星球與星系構成宇宙，在漂亮的時空彈珠上演出其宇宙遊戲。另一方面，木頭代表混亂的物質世界，具有數不清的次原子粒子，上演無厘頭的量子規則。木頭就像糾結的藤蔓，以不可預期與隨意的方式生長；原子內部一再發現新粒子，讓物質理論相當醜陋。愛因斯坦看見其方程式的重大缺點，在於以木頭決定彈珠的組織結構，因為時空彎曲程度是由任何點的物質來決定。

因此對於愛因斯坦而言，其策略很清楚：創造純彈珠之理論，亦即消除木頭，完全用彈珠來描述。若是可以證明木頭本身是彈珠做成，就能獲得一個純粹幾何學的理論。例如，點粒子是無限渺小，不具任何空間尺度的。在場論裡，點粒子由「奇異點」做代表，此點的場強度無限大。而愛因斯坦想要用平順的空間與時間來取代奇異點。以繩結為例，從遠處看繩結好像是粒子，但近看繩結就是連續繩子上的一個扭結。同樣地，愛因斯坦想要創造一個純然幾何且沒有奇異點的理論，而次原子粒子（如電子）就像是時空表面所出現的繩結或扭結。不過根本的問題在於它缺少一個具體的對稱與原則，用以統一電磁與重力。前面提過，愛因斯坦思考的重心便是透過對稱來統一。在發展狹義相對論時，他擁有一幅引導他的清晰圖象，即跟著光束跑。這張圖象揭露牛頓力學與馬克士威場的根本衝突，使他從中導出了光速恆定的原則，最後他更提出統一空間與時間的對稱，即洛侖茲變換。

同樣地，在發展廣義相對論時，愛因斯坦擁有另一張圖象，即重力是由空間與時間彎曲所造成。這幅圖象揭露牛頓重力（重力即時傳播）與相對論（沒有事物能超越光速）之間的根本衝突。從這幅圖象，他提出等效原理，指出加速度與重力座標系皆遵守相同的物理法則。最後，他能夠利用廣義的對稱性來描述加速度與重力，即廣義協變。

愛因斯坦現在面對的問題真是令人生畏，因為他的研究至少超前時代五十年。一九二〇年代當他開始研究統一場論時，唯一確定的作用力只有重力與電磁力。原子核在一九一一年才由實驗物理學家恩內斯特．拉塞福（Ernest Rutherford）發現，而凝聚原子核成形的作用力仍然是一團謎霧。由於缺乏對核力的認識，讓愛因斯坦欠缺關鍵的一塊拼圖。另外，也沒有實驗或觀測揭露重力與電磁力之間的矛盾，讓愛因斯坦有所依循。

從第五維度進行試探

數學家赫曼．魏爾(Hermann Weyl)受到愛因斯坦統一場論探尋經過的啟發，在一九一八年首度著手一試。起初，愛因斯坦大為驚嘆寫道：「這是高超的交響樂曲。」魏爾推導愛因斯坦的舊重力理論，將馬克士威場直接加入方程式裡，然後令方程式在比愛因斯坦原先理論更廣義的對稱下，也要保持協變，這些對稱包括尺度變換（即在所有方向擴張或收縮的變換）。不過，愛因斯坦很快發現該理論有些異常預測，例如若繞圓圈回到原點後，將發現自己變得比較矮，但外形保持不變。換句話說，長度並未守恆。（在愛因斯坦的理論中，長度也能改變，但是若回到起點時，還是會回復原來大小。）時間在封閉路徑裡也會改變，但這違反我們對物理世界的認知，例如這表示振動的原子繞一圈回到原點時，將會以不同頻率振動。雖然魏爾的理論看似巧妙，卻必須丟棄，因為不符合觀察數據。（回過頭看，我們發現魏爾理論存有太多對稱。尺度不變性顯然不是自然用來描述可見宇宙的一種對稱。）

一九二三年，艾丁頓也搭上列車。受到魏爾研究的激發，艾丁頓（以及後來許多人）動手嘗試研究統一場論。他像愛因斯坦一樣，創造以里奇曲率為基礎的理論，但距離的概念並未出現在方程式裡。換句話說，想要在他的理論中定義公尺或分秒是不可能的。該理論是「前幾何學」，只有在最後一步，距離才會變成方程式結果而出現，電磁學則會成為里奇曲率的一部分。物理學家沃夫岡・鮑立（Wolfgang Pauli）一點也不喜歡這個理論，指其對物理學毫無意義，而愛因斯坦也加以批評，認為該理論沒有物理內涵。

但是真正撼動愛因斯坦內心的是他在一九二一年看到的一篇論文，這是由一位沒沒無名的數學家西奧多・克魯札（Theodor Kaluza）所寫，他來自於東普魯士的哥尼斯堡大學（Albertus-Unirersität Königsberg）。克魯札建議開創第四維度概念的愛因斯坦，再加上第五維度到式子裡。克魯札重新用五維度（四維度空間，與一維度時間）表示愛因斯坦的廣義相對論，這一點也不費工夫，因為愛因斯坦的式子能輕易以任何維度表示。短短幾行之間，克魯札證明若第五維度與其他四個維度分開，則愛因斯坦的方程式將和馬克士威的程式一起出現！換句話說，馬克士威的式子（每個工程師與物理學家都得記住的八個恐怖微分方程式）能夠簡化成在第五維度傳送的波。也就是說，只要相對論擴張到五維度，馬克士威的理論早已經隱藏在愛因斯坦的理論中。

愛因斯坦驚訝於克魯札研究的大膽漂亮。他寫信給克魯札：「用五維度圓柱體世界的方式來達成統一理論，這個想法從未降臨到我身上……我一看到您的論文便喜歡這點子。」幾個星期過後，他又寫道：「您的理論和諧統一，真是驚人。」一九二六年，數學家奧斯卡．克萊因（Oskar Klein）進一步推導克魯札的研究，他懷疑第五維度可能觀察不到，因為尺度實在太小了，而且可能與量子理論相關。於是克魯札與克萊因提議用一個完全不同的途徑來處理統一問題，對他們而言，電磁力不過是在微小第五維度的表面上振動的漣漪罷了。

例如，我們想像有魚兒住在淺淺的水塘裡，就在睡蓮下游來游去，魚兒可能認為宇宙是二維度，牠們只可以前後左右游，但是「上」到第三維度的概念對牠們是陌生的。假若牠們的宇宙是二維度，則牠們怎麼可能會知道有神祕的第三維度呢？想像有一天下雨了，小小漣漪在第三維度上上下下地在池面前進，魚兒可以清楚看見。當漣漪在池面移動時，魚兒可能會認為有股奇怪的力量，讓牠們得以看清自己身處的宇宙。同樣地，在這幅圖象中我們好比是魚兒，只能在三個空間維度裡處理事務，卻不知道更高維度可能潛藏在我們感官之外。我們與看不見的第五維度唯一可能的直接接觸是光，光可視為在第五維度前進的漣漪。

克魯札─克萊因理論相當成功是有原因的。當初愛因斯坦導出相對論，最重要的一個策略是對稱統一，而克魯札─克萊因理論中，電磁與重力也因為一種新對稱（五維度廣義協變）而統一。雖然這幅圖象立刻引起人們注意，但是靠著引進新維度來統一電磁與力，仍然存在一個討人厭的問題：這個第五維度在哪裡呢？即使到今日，仍然沒有實驗捕捉到任何超越長寬高等更高空間維度之證據。若是存在更高的維度，則一定會非常非常小，比原子小更多。例如，我們知道若施放氯氣到房間內，則氯原子會慢慢散布到房間任何隱晦的角落裡，然而氯氣卻不會消失到什麼額外的神祕維度裡，因此可知道任何隱藏的維度必定比原子更小。由於實驗中從來沒有偵測到第五維度，這個新理論如果假設第五維度比原子更小，就能和實驗結果一致。克魯札─克萊因便假設第五維度「捲曲」起來，小到實驗無法測到。

克魯札─克萊因理論雖是統一電磁與重力時一條新穎有趣的途徑，但愛因斯坦最終還是懷疑第五維度可能不存在，只是數學虛構或幻影。這讓他很困擾，同時他也無法在克魯札—克萊因理論中找到次原子粒子。他的目標是從重力場方程式導出電子，但嘗試後卻一再失敗。（回過頭看，這真是物理界錯失的一大機會，若物理學家更認真看待克魯札—克萊因理論，可能會加入更多維度。當我們增加維度的數目時，馬克士威場的數目也會增加成「楊—米爾斯場」（Yang-Mills fields）。克萊因在一九三〇年代末期確實發現楊—米爾斯場，然而其研究卻因二次大戰的混亂而遭人遺忘，等到科學家再度發現這些場時，已經又過了二十年，到了一九五〇年代中期了。如今楊—米爾斯場成為核力理論的基礎，幾乎所有次原子物理學都是以其表述。再經過二十年，克魯札—克萊因理論以新理論之姿復甦，即弦論，現在是統一場論的優先候選者。）

愛因斯坦兩面下注。若克魯札—克萊因理論失敗了，那麼他就必須再開發別的道路，才能到達統一場論。他的選擇是研究黎曼幾何之外的幾何學，而詢問過許多數學家後，他很快明白這是完全空白的領域。在愛因斯坦的催促下，許多數學家開始研究「後黎曼」幾何學，或「聯絡理論」（theory of connections），幫助他探索可能的新宇宙，結果，包含「扭量」（torsion）與「撓空間」（twisted space）的新幾何學很快便發展出來了。（這些抽象的空間還要再等七十年後出現超弦理論時，才能應用到物理學上。）

不過，研究後黎曼幾何學是個惡夢，愛因斯坦並沒有物理原則當指南，幫助他穿梭在複雜抽象的方程式中。之前，愛因斯坦利用等效原理與廣義協變當羅盤，兩者皆有確實的實驗根據。他也曾依賴物理圖象為他指路。然而研究場論時，這次並沒有指點迷津的原理原則或物理圖象。

玻色—愛因斯坦凝聚態

外界對於愛因斯坦的研究相當好奇，有一回他在普魯士科學院發表統一場論的進展報告時，《紐約時報》得到消息後加以報導，並將部分論文刊登在報紙上。很快地，愛因斯坦屋外出現數百名記者守候，希望能看他一眼。艾丁頓寫道：「您可能會覺得很好玩，我們倫敦有一間大百貨公司賽爾佛吉（Selfridges）在櫥窗上張貼你的論文（六張併排），讓路人能一次看遍。還有大批群眾圍觀閱讀呢。」不過，愛因斯坦寧願用所有溢美與讚揚之辭，交換一幅簡單的物理圖象，只求為他指點迷津。

漸漸地，其他物理學家開始暗示愛因斯坦走錯路，指其物理直覺失靈了。其中一名批評者是他的朋友與同事鮑立，他是量子理論的創始元老之一，以尖嘴利舌聞名於科學界。有一次談到一篇誤入歧途的論文，他說：「這篇論文甚至連錯誤也稱不上。」審一篇同事的論文時，他說：「我不介意你想得慢，但我反對你發表速度比思考更快。」聽完一場混亂矛盾的演講後，他會說：「您說的話如此令人迷惑，我們連這到底是不是胡扯也搞不清。」當同行物理學家抱怨鮑立說話太難聽時，他會回應道：「有些人不喜歡被踩到痛處。對付這種人的方法，就是一直踩，直到他們習慣為止。」他對統一場論的印象，可由下列名言反映出來：「上帝扯碎的規則，不要再想把它拼湊起來了吧。」（諷刺的是，後來鮑立也搭上便車，提出自己的統一場論。）

鮑立的看法受到許多同行物理學家背書，大家也開始對量子理論（二十世紀另一個偉大的理論）投注越來越多心力。量子理論是有史以來最成功的物理理論之一，用來解釋神祕的原子世界，其研究得到前所未有的斬獲，造就了雷射、現代電子學、電腦與奈米科技。諷刺的是，量子理論是建築在沙子上。在原子世界裡，電子似乎會同時出現在兩個地方，無預警地在軌道間跳躍，並且會隱沒於存在與不存在之間的矛盾中。就像愛因斯坦早在一九一二年所說：「量子理論越成功，看起來便越愚蠢。」

量子世界的怪異特徵於一九二四年浮現，當時愛因斯坦接到沒名氣的印度科學家薩特延德拉．納特．玻色（Satyendra Nath Bose）一封有趣的來信。玻色有幾篇統計物理論文太奇怪了，想要發表卻遭到拒絕。

玻色提議將愛因斯坦先前的研究推導到統計力學上，嘗試完全以量子力學方法處理氣體，將原子當成量子物體。就像愛因斯坦將普朗克的研究推導成光的理論，玻色建議將愛因斯坦的研究推導成一個氣體原子的量子理論。身為這個主題的大師，愛因斯坦發現雖然玻色犯了幾個錯誤，做出一些不合理的假設，然而最後的答案看起來是正確的。愛因斯坦不僅對這篇論文很感興趣，也翻譯成德文投稿發表。

接著他推導玻色的研究，並自己寫一篇論文，將結果應用到極冷物質，即溫度稍高於絕對零度的物質之上。玻色和愛因斯坦發現量子世界一件有趣的現象：所有原子都是不可區分的，我們無法如波茲曼與馬克士威所想，為每個原子貼上標籤。石頭、樹木等一般物質可以貼標籤命名，但在量子世界裡，所有的氫原子在任何實驗裡都是相同的，沒有綠色、藍色或黃色的氫原子。接著愛因斯坦發現，若有一群原子冷到接近絕對零度，此時原子運動幾近停止，所有的原子會掉到最低能量狀態，形成一個「超原子」。這些原子會凝聚成相同的量子狀態，他們的表現基本上就像是一個巨大的原子。愛因斯坦提出的是一種全新的物質狀態，在地球上從未見過。然而，在原子一路跌到最低能量的狀態前，溫度必須低到不可思議，約比絕對零度高百萬分之一度，小到無法在實驗觀察到。（在極端低溫下，原子會齊步振動，而在個別原子層次上才能看見的微小量子效應，現在會分布在整個凝聚物上。就像是在看足球比賽的觀眾表演波浪舞，上下齊一橫掃看台一樣，在「玻色—愛因斯坦凝聚態」的原子，表現起來就像統一振動。）但是愛因斯坦對於這輩子觀察到玻色─愛因斯坦凝聚態不抱希望，因為一九二〇年代的科技不允許接近絕對零度的實驗。（愛因斯坦又再度遠遠超越時代，還要再等約七十年才能測試其預測。）

導出反物質的存在

除了玻色─愛因斯坦凝聚態，愛因斯坦也想知道自己提出的光雙重性原則，是否也能應用到物質上？在一九〇九年的演講中，愛因斯坦已經說明光具有雙重特性，可同時擁有粒子與波動的特質。雖然這想法聽起來像異端邪說，但是完全受到實驗結果的支持。受到愛因斯坦的雙重性想法所激發，一九二三年一個年輕的學生路易・德布洛伊（Louis de Broglie）猜想，即使物質本身也能同時具有粒子與波動狀態。這是一個革命性的觀念，因為物質由粒子構成已經是根深柢固的成見。受到愛因斯坦對雙重性研究的刺激，德布洛伊引進物質具有波狀物質的概念，可以解釋原子的一些神祕之處。

愛因斯坦很欣賞德布洛伊提出「物質波」的大膽創意，並加以推導（德布洛伊最後因此創始概念而獲得諾貝爾獎）。然而，若物質擁有波的特質，則波所遵守的方程式是什麼呢？古典物理學家對此經驗豐富，並寫出波浪與聲波的方程式，而奧地利物理學家埃爾溫・薛丁格（Erwin Schrödinger）受到啟發，寫下物質波的方程式。時常周旋在女人間的薛丁格，一九二五年那時正待在阿羅薩（Arosa）赫維格別墅（Villa Herwig）與一位女友共度聖誕節，他還想辦法騰出足夠的時間，寫出了「薛丁格方程式」，後來迅速成為量子物理中最知名的方程式。薛丁格的傳記作者華特・摩爾（Walter Moore）寫道：「如同激發莎翁寫出十四行的幕後女士，阿羅薩的那位女士可能會永遠保持神祕。」（可惜薛丁格一生中擁有的女友、情人和私生子如此之多，很難判斷哪位才是他歷史性方程式的繆思。）接下來幾個月，在一連串了不起的論文中，薛丁格以簡單的方程式解，證明了波耳建立的氫原子神祕法則。對於原子內部的構造，物理學家首次有了一幅清楚的圖象，原則上藉此便可計算更複雜的原子、甚至是分子的特質。幾個月之內，新量子理論變成壓路機，一路剷除許多原子世界最令人困惑的問題，自希臘時代便絆住科學家的重大謎題就此解開。不論是電子在軌道之間移動、光脈衝的發射或分子的鍵結，突然間都變得可以計算，只要對標準偏微分方程式求解即可。一個年輕直率的量子力學家保羅．狄拉克（Paul Dirac）甚至誇口，所有化學用薛丁格方程式就能解釋，簡化化學成應用物理。

因此，原本是光子「舊量子理論」之父的愛因斯坦，如今成了以薛丁格波為基礎的「新量子理論」的教父。（現在中學生上化學課時，試圖以奇怪的名稱與「量子數」記住原子核周圍像美式足球形狀的「軌域」，他們所記誦的正是薛丁格方程式的解。）至此，量子物理快速突破。狄拉克知道薛丁格方程式並未融入相對論，於是只花了兩年時間，就把薛丁格方程式提升成完整的電子相對論，再度震撼了物理界。薛丁格著名的方程式為非相對論式，而且只適用在速度比光速慢很多的電子上；狄拉克的電子則完全遵守愛因斯坦對稱。再者，狄拉克的方程式自然就能解釋電子一些隱晦的特質，包括所謂「自旋」的特性。從早先核物理及實驗物理學家奧圖．史特恩（Otto

Stern）與實驗物理學家華特．革拉赫（Walter Gerlach）所做的實驗得知，電子在磁場下的表現像旋轉的陀螺，角動量為二分之一（單位為普朗克常數），而狄拉克電子正確算出了這個實驗的二分之一自旋。（馬克士威場代表光子，自旋量為一，而愛因斯坦重力波的自旋量為二。從狄拉克的研究可明顯得知，次原子粒子的自旋將會是個重要物質。）

接著狄拉克更進一步。他研究這些電子的能量，發現愛因斯坦忽略其方程式的一個解。通常求一個數的平方根時，我們會取正、負值，如四的平方根可能是正二或負二。因為愛因斯坦忽略方程式中的一個平方根，其著名的方程式 $E=mc^2$ 並不十分正確，正確的解應為 $E=\pm mc^2$。狄拉克主張，多出來的負解代表一種鏡像宇宙，其中粒子可以一種新的「反物質」形式存在。[1]

（奇怪的是，就在不久之前的一九二五年，愛因斯坦也想過反物質這個點子，他發現若顛倒相對論方程式的電子符號，而且也顛倒空間方向時，可獲得相同的方程式。他也證實，對於某一物質的每個粒子，必定存在著另一個電荷相反但質量相同的粒子。相對論不僅帶來第四維度，也給了我們一個反物質的平行世界。不過，對於優先權問題從不多嘴的愛因斯坦，優雅地從未與狄拉克爭先。）

一開始，狄拉克激進的想法招致強烈質疑，從 $E=\pm mc^2$ 而帶來整個由反粒子構成的世界，這個想法彷若天外飛來一筆。量子物理學家華納．海森堡（Werner Heisenberg，他與波耳各自提出了等價於薛丁格的量子理論）寫道：「現代物理學最悲哀的一章將是狄拉克理論……我認為，狄拉克理論……是沒有人會認真看待的知識垃圾。」儘管有多麼不情願，物理學家還是得吞下驕傲，因為一九三二年終於發現了反電子（即電子〔帶負電〕的反粒子，帶正電荷，而狄拉克也因此獲得諾貝爾獎，海森堡最後承認：「我想，反物質的發現或許是本世紀所有大躍進中最大的躍進。」）相對論再次帶來意想不到的豐收，這次給了我們一個由反物質構成的全新宇宙。

（薛丁格與狄拉克都發展出量子理論中兩個最重要的波作用方程式，然而兩人性格卻是南轅北轍。薛丁格身旁總是陪伴著某位女性友人，狄拉克對於女性卻極為害羞，而且極為沉默寡言。在狄拉克死後，英國為紀念他對物理世界的貢獻，將相對論性狄拉克方程式刻在西敏寺的一塊石碑上，離牛頓之墓不遠處。）

上帝丟不丟骰子？

很快地，地球上每個研究機構的物理學家都爭相學習薛丁格與狄拉克方程式各種奇怪又漂亮的性質。雖然不可否認量子力學極為成功，物理學家還是必須處理一個麻煩的哲學問題：如果物質是波，那麼真正在波動的是什麼呢？這個問題也曾經糾纏光波理論，最後造就不正確的以太理論。薛丁格波就像是海浪，如果放著不理最終會散去；給予足夠的時間，波作用最後會擴及整個宇宙，但是這違反物理學家對電子所知的一切。科學家相信次原子粒子是一種點狀物質，會造成明確的噴射狀軌跡，相機能夠拍攝到。因此，這些量子波雖然可以成功描述氫原子，但是薛丁格波似乎不能用來描述在自由空間運動的電子。如果薛丁格波真正代表電子，隨著波的耗散，宇宙便會瓦解。

有個地方出錯了。最後，愛因斯坦終生摯友、德國物理學家及數學家馬克斯・波恩（Max Born）對這個謎題提出一個極具爭議的解答。一九二六年，波恩跨出決定性一步，宣稱薛丁格波並非直接描述電子，而是描述發現電子的「可能性」。他主張：「粒子運動會遵守或然率，但或然率本身會遵守因果律。」在這幅圖象中，物質的確是由粒子組成，而不是波。照相底片捕捉到的痕跡是點狀粒子所留下的軌跡，而不是波。但在任何一點上找到粒子的機會，是由波決定。（更精確地說，薛丁格波的絕對平方代表在空間與時間特定一點上發現粒子的可能性。）因此，即使薛丁格波隨時間消散也沒有關係，若獨留電子本身，隨著時間他會四處漫遊，我們只是不知道確切位置。現在所有的矛盾都解開了：薛丁格波不是粒子本身，而是代表找到粒子的機率。

海森堡更進一步。他一直和尼爾斯・波耳（Niels Bohr）爭論新理論被機率污染的問題，常常和這位比他年長的同事討論得面紅耳赤。有一天在或然率的問題上徒勞無功一晚後，他在學校後方的費利德公園（Faelled Park）一直踱步，不停問自己是不是永遠無法得知電子的正確位置。電子的位置只要測量即可，怎麼可能像波恩所稱的不確定呢？

突然間他想通了，一切變得明朗。為了知道電子在哪裡，我們必須看著電子，這表示得用光照電子。但是光束中的光子與電子將會碰撞，使電子的速度不確定。換句話說，觀測的動作必然帶入不確定性。他將這個問題重新整理出一個新的物理法則：「測不準定理」，指我們無法同時決定粒子的位置與速度。（更精確地說，位置與動量不確定的乘積必定大於或等於普朗克常數除以 4π。這不僅是人類儀器簡陋的副作用，而是自然的基本法則，即使是上帝也不知道電子的精確位置與動量。）

這是決定性的一刻，量子理論潛入更深、未曾探知的水域裡。在此之前，我們可以說量子現象是統計學，描述億兆個電子的平均運動，但現在即使是一個電子的運動也無法確定。愛因斯坦嚇到了，在得知自己的好友波恩要放棄決定論時，他甚至有種受到背叛的感覺，因為決定論是古典物理學中最受珍視的觀念之一。決定論主張，若你知道現在的所有事情，基本上便可以決定未來。例如，牛頓對物理學的偉大貢獻，便在於一旦知道太陽系目前的狀態，便能透過其運動定律預測到彗星、衛星與行星的運動。幾百年來，物理學家讚嘆牛頓定律的精確性，原則上他們可預測天體未來數百萬年的位置。事實上，至此之前所有科學都是以決定論為基礎，亦即若科學家知道所有粒子的位置與速度，便可預測實驗的結果。牛頓的追隨者比喻宇宙是一個巨大的時鐘，以便說明信仰：上帝在時間初始時轉動時鐘，此後他便按照牛頓運動定律穩定地滴答走；若知道宇宙中每個原子的位置與速度，便可透過牛頓的運動定律，無限精準地計算出宇宙隨後的演化。然而，測不準定理否定所有的一切，主張不可能預測宇宙未來的狀態。以鈾原子為例，我們永遠不可能計算它何時會衰變，只能計算發生衰變的可能性。即使是上帝或神也不知道鈾原子何時將會衰變。

一九二六年十二月，愛因斯坦回應波恩的論文：「量子力學的成功令人尊敬，但是內在的聲音告訴我這不是真正的解答。這個理論讓我們獲益匪淺，但是沒有帶領我們更進一步解開上帝的祕密，至少我自己深信上帝不丟骰子。」評論海森堡的理論時，愛因斯坦說道：「海森堡生下一顆巨大的量子蛋。在哥廷根他們相信，但我可不信。」薛丁格也非常不喜歡這個想法，有一次他說若自己的方程式只代表或然率，那麼他後悔自己與這些方程式有任何關係。愛因斯坦則說如果他早知道自己幫忙發動一場量子革命的結果，竟然只是將機率帶進物理，那麼他去當個「補鞋匠或賭場職員」就好了。

物理學家開始分成二派。愛因斯坦領導仍堅信決定論的那一派[2]，這個中心概念可追溯到牛頓本身，並引導物理學家的研究多年，薛丁格與德布洛伊也是盟友。另一邊更龐大的陣營是由哥本哈根的波耳所領導，他們相信未定論並倡導新版的因果關係，以平均及或然率為基礎。

波耳與愛因斯坦在其他方面也處於兩個極端。愛因斯坦自幼便不愛運動，黏上幾何與哲學書籍；波耳則是丹麥有名的足球明星。愛因斯坦說話強而有力，寫作時極富文采，能與記者或皇室聊天自若；波耳則相當僵硬，說話超級咕噥含糊，常常語焉不詳，讓人難懂，陷入思考的時候常會不停重複同一個字。愛因斯坦可輕易寫出優美漂亮的文句；而波耳卻相當不擅於寫論文，中學時他將所有報告都交給媽媽做，結婚後則交給太太（甚至為了重要的一篇論文而中斷蜜月）。有時候波耳會麻煩整個實驗室的人來改寫他的論文，有時還修改上百次，完全打斷了工作。（鮑立有回受邀到哥本哈根訪問波耳，他回答道：「如果最後的校樣已經送出了，我才願意去。」）不過，愛因斯坦與波耳都對初戀「物理」終生不渝。波耳一有靈感，還曾在足球門柱上寫算式，兩人也都借用別人當回響板，不斷淬鍊自己的想法。（奇怪的是，波耳一定要有助理在身旁回應點子，才能工作；若借不到助理的耳朵相助，他會手足無措。）

兩陣營對決終於在一九三〇年布魯塞爾第六屆薩爾維會議上演了，賭注的正是自然之本質。愛因斯坦不斷向波耳進攻，而波耳在不停的攻擊下顯得有些踉蹌，但仍相當成功地守住防守位置。最後，愛因斯坦提出一項優美的「思考實驗」，他認為這可以消滅「惡魔」測不準定理。實驗如下：想像一個箱子裡含有輻射，箱子上有一個洞，而一個快門遮住這個洞。當快門短暫打開時，箱子中會釋放一個光子，因此我們可以精準測量出光子射出的時間。過一些時間後，可以測量箱子的重量，因為釋放光子會使箱子變輕。又因為物質與能量等效，所以可以得知箱子含有多少能量，這能測得很精準。因此，我們現在知道箱子前後能量差與快門打開時間，在無限精準下，不帶有任何不確定，因而測不準定理是錯誤的。愛因斯坦認為他已經發現消滅新量子理論的工具了。

曾經參與這場會議的艾倫費斯特目睹此次激烈交戰，他寫道：「對於波耳，這是重重一擊，當時他沒有答案，一整晚都相當不快樂，在人群間走來走去，試圖說服每個人這一切不可能是真的，因為若愛因斯坦是正確的，則將意謂物理之終結。但是他想不出駁斥之道。我永遠忘不了這兩名對手離開大學會館的情景，愛因斯坦這位大師級的人物，嘴角帶著一絲諷刺的微笑平靜走開，而波耳在他身邊快步跟著，看來相當沮喪。」波耳當晚稍後與艾倫費斯特說話時，他所能喃喃吐露的一個字，便是一次又一次的「愛因斯坦……愛因斯坦……愛因斯坦……」。但是在經過一個輾轉難眠的夜晚之後，波耳終於發現愛因斯坦的論點裡有一個缺陷，他利用愛因斯坦自己的相對論擊敗他。波耳注意到因為箱子重量比以前輕，所以秤重時位置會比先前稍稍升高，但是根據廣義相對論，時間會隨著重力變弱而加速（所以像月球上的時間會走得比較快），測量快門時間的任何些微不確定，將會轉換成測量箱子位置上的不確定性。所以我們不可能絕對精準地測量到箱子的位置。再者，箱子重量上的任何不確定性將會反映在其能量與動量上的不確定，因此無法絕對精準得知箱子動量。總而言之，波耳所指出的兩種不確定性，即位置不確定與動量不確定，正好完全吻合測不準定理，波耳成功護住量子理論了。當愛因斯坦抱怨「上帝才不與世人玩骰子」，有傳聞說波耳反擊道：「別再告訴上帝該怎麼做了。」

最終，愛因斯坦得承認波耳成功駁斥了他的論點。他後來寫道：「我深信這個理論必定包含一項確實的真理。」針對波耳與愛因斯坦這段歷史性的辯論，惠勒說道：「這是我所知道人類知識史上最大的辯論。三十年來，我從未見過其他辯論發生在如此兩個偉人之間、經過如此長久的時間、討論如此深刻的議題，對於我們奇特的世界又達到了如此深入的認識結果。」

迎戰量子論

薛丁格也痛恨自己的方程式受到這種新詮釋，於是又提出著名的貓咪問題來考驗測不準定理。薛丁格針對量子力學寫道：「我很不喜歡，也很遺憾自己和這個理論有關。」他寫道，最荒謬的問題是假設有一隻貓被關在箱子內，裡面放置一把鎯頭與一只瓶子，瓶內裝著有毒氣體氫氰酸，鎯頭由連接到輻射鈾的蓋革計數器啟動，會敲破瓶子。輻射衰變無疑是一種量子反應，若鈾並未衰變，則貓咪會活著。但若是原子衰變了，則會啟動蓋革器，觸動鎯頭，敲破玻璃，將貓毒死。但是根據量子理論，我們無法預測何時鈾原子將會衰變，原則上鈾原子可能會同時存在兩種狀態，既維持不變或發生衰變。但若是鈾原子能夠同時存在兩種狀態，則問題是貓咪到底是死是活呢？

正常來說，這是一個蠢問題。縱使不能打開箱子，常識也會告訴我們貓咪不是死便是活，沒有東西是可以同時又是死又是活的，這違反我們對於宇宙與真實的一切認知。然而，量子理論帶來一個怪異的答案：我們無法真的知道貓咪的生死。在打開箱子之前，貓可由波來代表，而波像數字一樣可以增加。我們必須將死貓的波作用加到活貓的波作用上。因而，在打開箱子之前，貓咪既不是死的，也不是活的。當貓咪封在箱子裡時，我們只能說，代表貓咪死亡與活著的波同時存在。

一旦我們將箱子打開了，便能進行測量並且親自看看貓咪是死是活。藉由外在旁觀者的測量過程，讓我們得以「瓦解」波作用，並決定貓咪的正確狀態，知道貓咪是生是死。關鍵在於觀察者所進行的測量過程，只要光線一照進箱子內，波作用就會崩解，物體會突然進入一個明確的狀態。

換句話說，觀察的過程決定物體的最終狀態。波耳在哥本哈根想到的解釋有個弱點，便出在這個問題上：在做測量前，物體真的存在嗎？對於愛因斯坦與薛丁格而言，這太荒謬了。在愛因斯坦的後半生，他都要與這些深沉的哲學問題奮戰（即使到今天仍然是受到熱烈爭論的主題）。

這個謎題在幾個方面擾亂愛因斯坦的內心。首先，在進行測量前，所有可能的宇宙都同時存在，我們不能肯定說自己是死是活，或者恐龍仍然存活，或者地球早在幾十億年就前已摧毀。在測量進行之前，所有事件都是可能的。第二，觀察過程似乎會創造真實！因此，對於「在沒有人聽見時，森林裡一棵樹是否真的倒了」這個古老的哲學問題，又會產生新的詮釋。牛頓派人士會主張，樹木可獨立於觀察之外而倒下，但是哥本哈根學派會說，在進行觀察之前樹木可能存在於各種狀態（包括倒下、直立、幼苗、成熟、燒焦或腐爛等等），一直要到觀察的那一刻，才會突然進入某一種狀態中。因此，量子理論加入一個全然未預期到的詮釋：觀察樹木會決定其狀態，包括倒下與直立。

打從愛因斯坦在專利局工作起，他總是具有不可思議的本領，可以抽離出問題的本質。他會問家裡的訪客以下問題：「因為老鼠看著月亮，所以月亮才存在嗎？」如果哥本哈根學派是正確的，那麼答案便是「對」，在某個意義上當老鼠觀看月亮時，月亮便進入存在，因為月亮的波作用被瓦解了。經過數十年來，對於貓咪的問題有許許多多「解答」提出來，卻沒有一個能讓人完全滿意。雖然沒有人挑戰量子力學本身的實證性，這些問題仍然是物理學領域裡最具哲學性的挑戰之一。

「我花在思索量子問題的時間，遠超過廣義相對論的百倍，」愛因斯坦是如此描述自己與量子理論基礎的長期奮戰。在更深入思考後，愛因斯坦認為自己找到量子理論的致命一擊，於是出手反攻。一九三三年，他和學生玻里斯・波多斯基（Boris Podolsky）與納森・羅森（Nathan Rosen）共同提出一項新奇的實驗，至今還是讓量子物理學家與哲學家感到頭痛。這個EPR①實驗或許沒能像愛因斯坦所盼望那樣摧毀量子理論，倒是成功證明了原本就夠詭譎的量子理論，現在變得越來越怪異了。假設一原子釋出兩個朝相反方向運動的電子，每個電子都像陀螺一樣具有自旋，不是向上便是向下。現在進一步假設兩者以相反方向自旋，所以總自旋為零，雖然我們不清楚兩者各自的自旋方向，不過我們卻知道若有一個電子向上自旋，另一個

---

① 編按：三位實驗者姓氏的縮寫。

便是向下自旋。若我們等得夠久的話，這些電子可能會分開幾十億哩之遠，在進行任何測量之前，我們不知道電子的自旋方向。

現在假設我們終於去測量其中一個電子的自旋，結果發現是向上自旋，那麼我們立刻便知道另一個電子的自旋狀態。縱使相距數光年之遙，由於其自旋方向是另一個自旋的相反，所以必定是向下自旋。這代表在宇宙某一角落的測量，會立刻決定宇宙另一邊電子的狀態，這似乎違反了狹義相對論。愛因斯坦稱這是「詭異超距力」，其哲學意涵是相當駭人的，因為他代表我們體內的某些原子，可能透過看不見的網絡與宇宙另一邊的原子連結，而我們身體內的活動可能會立即影響到幾十億光年遠的原子之狀態，看起來就違反了狹義相對論。愛因斯坦不喜歡這個想法，因為這意謂宇宙是非局部性的（nonlocal），也就是說在地球上發生的事件會立即影響到宇宙另一邊的事件，旅行速度比光還要快！

在聽到對量子力學的新批判後，薛丁格寫信給愛因斯坦：「我很高興在該篇論文中……您明顯已經揪出武斷的量子力學尾巴了。」波耳的同事里歐．羅生福（Leon Rosenfeld）聽到愛因斯坦最新的論文後，則寫道：「我們放下所有事情，必須立刻澄清誤解。波耳興奮不已，立即準備進行答辯。」

哥本哈根學派化解了這項挑戰，然而也付出代價：波耳向愛因斯坦承認量子宇宙確實是非局部性的（也就是說，在宇宙某一部分發生的事件會立即影響宇宙的另一個部分）；宇宙裡的每件事物，不知如何都攪和在宇宙「網結」（entanglement）裡了。所以EPR實驗並未駁斥電子力學，只是揭露他的瘋狂。（多年來這個實驗一直受到誤解，有無數人誤認為我們可能造出比光速還快的EPR對講機，或是可以讓訊號即時回傳，或是可利用此效應做為心電感應。）

然而，EPR實驗並未否定相對論，在這層意義上，愛因斯坦在EPR實驗中贏得最後的勝利，沒有任何有用的訊息會傳遞得比光速還快，例如我們不能透過EPR儀器，將摩斯密碼以快於光速傳出去，物理學家約翰．貝爾（John Bell）便是以此為例。他說有一個叫伯特曼的數學家總是一隻腳穿粉紅色的襪子，另一隻腳穿綠色襪子，若是瞧見他一隻腳穿綠色襪子，便可立刻知道另一隻襪子是粉紅色，然而沒有訊號從一隻腳發到另一隻腳上。換句話說，知道一件事情跟送出該項訊息是完全不同的事情，擁有訊息與傳遞訊息絕不可畫上等號。

統一場論的企圖

到了一九二〇年代晚期，相對論與量子論這物理學兩大支柱已經屹立不搖，人類對於物理世界的知識總和可由這兩項理論涵括。相對論是講非常大的理論，是大霹靂與黑洞的理論，而量子論是談非常小的理論，探討奇異的原子世界。雖然量子理論建立在違反直覺的想法上，但無人能否認該理論在實驗上的驚人成功。實際上，諾貝爾獎如雪片般飛向願意應用量子理論的年輕物理學家。愛因斯坦是經驗老道的物理學家，絕不會忽略量子理論突飛猛進的進展；他沒有駁斥實驗上獲得的成果，也承認量子力學是「我們這個時代最成功的物理理論」。愛因斯坦並沒有阻礙量子力學的發展，雖然比較不入流的物理學家可能會這麼做（一九二九年，愛因斯坦還推薦薛丁格與海森堡共享諾貝爾獎）。相反地，愛因斯坦改變策略，不再攻擊這個理論不正確，他的新策略是將量子理論收進統一場論裡。當波耳陣營砲轟愛因斯坦忽視量子世界時，他反擊說自己真正的目標極為宏大，是要將整個量子理論包納入自己的新理論當中。他拿自己以前的研究打比喻：相對論並未證明牛頓理論完全錯誤，只是顯示他不夠完整，可以再併入更大的理論當中。因此，牛頓力學在其特有的領域當中是有效的，也就是在小速度與大物體的領域內可以成立。同樣地，愛因斯坦相信量子理論對於貓可以同時又生又死的怪異假設，一定能夠以更高的理論來解釋。在這方面，有太多愛因斯坦傳記的作者沒能了解到這點。愛因斯坦的目標不是像許多批評人士所宣稱，只想證明量子理論不正確，他老是被描繪成古典物理中最後一隻恐龍，年老的叛逆者卻發現自己變成反對的聲音。愛因斯坦真正的目標是要凸顯量子理論的不完整，並利用統一場論來使之完整。

愛因斯坦的策略是利用廣義相對論與統一場論，來解釋物質本身的起源，亦即從幾何學中建造出物質。一九三五年，愛因斯坦與羅森研究一種新穎的方式，讓量子粒子（如電子）會成為其理論的自然結果，而非是基本的物體。他希望利用這種方式，可以不必面對或然率的問題而導出量子理論。在絕大多數理論中，基本粒子是以奇異點出現，也就是方程式變為無限大的地方。例如在牛頓的方程式中，力與兩物體間的距離平方呈反比，當距離為零時，引力會變得無限大，也產生了奇異點。因此愛因斯坦想從更深的理論中導出量子理論，他了解到自己需要一個完全沒有奇異點的理論（在簡單的量子理論當中，便可找到這種例子，稱為「孤立子」〔soliton〕，就像是太空中的結一般。這類孤立子非常平滑，不是奇異點，但卻會彼此碰撞反彈，並保持相同形狀。）

愛因斯坦與羅森提出一個新奇的方式，來促成這種解。他們一開始在兩張平行的紙上定義兩個史瓦茲卻德黑洞，然後用一把剪刀剪掉兩個黑洞的奇異點，再將兩張紙黏回在一起，便得到一個平滑、沒有奇異點的解了，愛因斯坦認為這或可代表次原子粒子。因此，量子粒子可視為微小的黑洞。（這個想法六十年後在弦論裡重生，有個數學關係式可讓次原子粒子轉變成黑洞，或讓黑洞變回次原子粒子。）

不過，這個「愛因斯坦—羅森橋」可從另一個角度來看，代表了科學文獻上第一次提到連接兩個宇宙的「蛀孔」（wormhole，舊多譯為「蟲洞」）。蛀孔是穿透空間與時間的捷徑，就像是通道或閘口，可連接兩張平行的紙張。將蛀孔的概念介紹給大眾的是牛津大學數學家查爾斯．道吉森（Charles Dodgson），他的筆名是路易斯．卡羅，也就是家喻戶曉的小說《愛麗絲夢遊仙境》與《鏡中奇遇記》的作者。當愛麗絲將手放進鏡子中，她進入連接兩個宇宙的愛因斯坦—羅森橋，一邊是夢境中的奇幻世界，一邊是牛津的鄉下地方，當然，我們後來知道任何掉入愛因斯坦—羅森橋的人會被強大的重力擠死，甚至是將體內的原子扯散；若黑洞是靜止的，則想要通過蛀孔到另一個平行宇宙是不可能的。（要再過六十年，蛀孔的概念才會在物理學中占居要角。）

最後，愛因斯坦放棄這個點子了，部分原因是他無法解釋豐富的次原子世界，他無法全部用「彈珠」來說明「木頭」的各種奇特性質，無法從理論推導出次原子的諸多特徵（如質量、自旋、電荷、量子數等等）。他原先希望能找到一幅圖象，讓統一場論能夠大放光采，但關鍵的問題在於，當時對於核力的特質所知太有限了。愛因斯坦超前時代數十年，後來威力強大的粒子對撞機才提供資料，釐清次原子物質的本質。因此，他從未找到這幅圖象。

註釋

1. 因為物質偏好盪到最低能量的狀態，這意謂所有電子可能會掉到這些負能量狀態，而宇宙將會崩塌。為了避免這場災難，狄拉克假設所有負能量狀態都已經填滿，伽瑪射線經過時可能會將電子撞出負能量狀態，留下一個「洞」或「泡沫」。狄拉克預測，這些洞將表現得像是帶正電的反電子，即反物質。

2. 愛因斯坦對於決定論與未定論所表達最明確的立場如下：「我是決定論者，被迫表現出好像自由意志存在般，因為若我希望活在文明的社會裡，我必須為行事負責。我知道，從哲學上來說殺人犯不需要為自己的罪行負責，但我不願意和他一道喝茶……我尤其無法控制自然賦予生命要素的神祕腺體。美國汽車企業家亨利．福特可能會說這叫內在的聲音，蘇格拉底稱這是自己的守護神；每個人用自己的方式解釋人類的意志並非自由的事實……每件事都被我們無法控制的方量決定了，開始與結束皆然。星球被決定了，昆蟲被決定了，不論是人類、蔬菜或宇宙塵都會跟隨一種神祕的節奏舞蹈，是由遠方一位看不見的玩家所吟誦指揮。」

第八章

戰爭、和平與 $E=mc^2$

一九三〇年代，世界正陷入經濟大衰退的夢魘當中，混亂又再度蔓延德國街道。隨著幣制崩潰，辛苦工作的中產階級家庭突然發現一生積蓄幾乎一夕成空。竄起的納粹利用德國民眾的悲哀憂傷，轉移憤怒對準最方便的代罪羔羊——猶太人。很快地，在勢力強大的實業家支持下，納粹變成國會最強大的力量。多年來愛因斯坦抵抗著反猶太風潮，他發現這次的威脅已經攸關性命。雖然身為和平主義者，但他也非常實際，調整自己對迅速崛起的納粹黨的觀點，他寫道：「這意謂我反對在任何情況下使用暴力，除非是遇到意在奪取性命的敵人。」而這次愛因斯坦的彈性將受到驗證。

一九三一年，一本稱為《百位權威反對愛因斯坦》（*One Hundred Authorities against Einstein*）的書籍出版了，內容針對這位著名物理學家進行諸般反猶太侮辱。文章激憤地指出：「本書出版目的在於阻擋愛因斯坦派人物的恐怖主義。」愛因斯坦後來開玩笑說，他們不需要一百名權威人物來破壞相對論，若相對論不正確，只要一個小小的事實便足夠了。一九三二年十二月，愛因斯坦已無法抵擋納粹主義的浪潮，所以他永遠離開德國了。他叫艾爾莎看看他們在卡布斯（Caputh）的度假屋，傷心地說：「回頭吧，妳永遠再也看不到它了。」一九三三年一月三十日，局勢急速惡化，已經成為國會最大勢力的納粹終於取得政權，希特勒被任命為德國總理。納粹沒收愛因斯坦的財產及銀行帳戶，讓他正式身無分文，並且奪走他喜愛的卡布斯度假屋，宣稱在那裡找到一項危險的武器（後來發現那只是一把麵包刀，而卡布斯屋在第三帝國期間遭納粹組織「德國女子聯盟」〔Bund Deutsches Mädel〕占用）。五月十日，納粹公開焚燒禁書，愛因斯坦的作品也在其中。那年愛因斯坦寫信給已處於德國陰影下的比利時人：「在今日的情況下，如果我是比利時人，我不會拒絕服兵役。」他的話經由國際媒體傳播到各地，立刻招致納粹與和平主義兩派人士的嘲弄，因為有許多和平分子相信迎戰希特勒的唯一方法，應該是以和平為手段。但是了解納粹政權殘酷本質的愛因斯坦不為所動：「反戰人士把我當成叛徒來批判……這些人實在太看不清楚真實了。」

流亡德國科學家

愛因斯坦被迫離開德國，曾經旅行世界的他又再度成為沒有家的人。一九三三年行經英國時，愛因斯坦與首相邱吉爾在官邸會面。在訪客簿的「住址欄」上，他便寫下「無」。當時幾乎名列納粹痛恨名單榜首的愛因斯坦，必須特別小心自身安全。有一份德國雜誌列出納粹政權的敵人名單，愛因斯坦的照片便刊登在封面，圖片下方寫著「尚未吊死」。反猶太人士驕傲地說，若能將愛因斯坦趕出德國，便可以逐出所有猶太科學家。同時，納粹通過一道新法律，命令解除所有猶太官員的任命，這立刻成為德國物理界的災難。九名諾貝爾獎得主必須離開德國，而因為這項新的公務員服務法，第一年便有一千七百名教職或研究人員遭到解聘，造成德國科學界與教育界大失血。納粹致使地方出走的這股大浪潮著實驚人，幾乎帶走歐洲科學界全部菁英。

普朗克一向善為調解人，他不認同同事公開反對希特勒的方式，而寧願運用私人管道。甚至在一九三三年五月與希特勒見面，他最後一次懇請希特勒不要瓦解德國科學界。普朗克後來寫道：「我試圖告訴他……驅逐猶太同事正造成極大的損害。我指出猶太人總是以德國人自居，並且也像大家一樣為德國奉獻性命，迫害他們是極為無情與不道德之事。」在那次會面中，希特勒說他本身並不反對猶太人，但指出他們都是共產黨員。當普朗克試圖回應時，希特勒吼回去：「別人說我有神經緊張的毛病，但我有無比堅強的勇氣！」他用力拍膝蓋，繼續發表反猶太人的長篇大論。普朗克遺憾表示：「我無法表達出自己的意見……跟這種人說話，實在是沒有語言可以溝通。」

愛因斯坦的猶太同事全部逃離德國。里歐．齊拉德（Leo Szilard）將一生積蓄藏在鞋裡逃難，弗里茨．哈柏（Fritz Haber）一九三三年從德國逃到巴勒斯坦（諷刺的是，他身為忠誠的德國科學家，曾經幫忙德國研發惡名昭彰的 Zyklon B 毒氣，後來他有許多關在奧斯維茲集中營的家族成員也被用這種毒氣殺死），薛丁格雖然不是猶太人，但是也被這股歇斯底里的狂潮掃到。一九三三年三月三十一日，當納粹宣布全國抵制猶太人商店時，他正好站在柏林一間猶太人開的魏特翰百貨公司（Wertheim）前面，目睹一群佩戴納粹黨徽的衝鋒隊毆打正在購物的猶太人，而警察與群眾只是站在一旁笑。薛丁格被激怒了，他走向一個鎮暴隊員，嚴厲譴責他，然而衝鋒隊轉身過來開始揍他。他原本可能會被打個半死，不過有一個帶納粹臂章的年輕科學家立刻認出他，將他帶到安全之處。薛丁格被嚇壞了，後來他離開德國，到英國與愛爾蘭去。

一九四三年納粹占領丹麥，有部分猶太血統的波耳將面臨種族屠殺，他搶在蓋世太保到達之前，先一步逃脫，經由中立的瑞典飛到英國，不過他差一點在飛機上窒息死掉，因為氧氣面罩完全不合用。忠貞愛國的普朗克並未離開德國，他的處境也極為悲慘，兒子因為企圖暗殺希特勒而遭逮捕，受到納粹折磨後，最終也被處決了。

愛因斯坦雖遭放逐，但世界各地的工作邀請蜂擁而至，舉凡英國、西班牙與法國的頂尖大學都希望聘請這個世界知名的人物。之前他曾擔任過普林斯頓大學的客座教授，冬天在普林斯頓度過，夏天則在柏林度過。當時，巴姆伯格家族（Bamberger）資助五百萬美元要在普林斯頓成立新的研究中心，教育家亞伯拉罕・弗烈斯納（Abraham Flexner）代表該單位與愛因斯坦見過幾次面，探詢他搬到新研究機構的可能性。讓愛因斯坦動心的是他可以自由旅行，並免除教書的義務。雖然他是受歡迎的老師，經常以滑稽的舉動讓觀眾發笑，並且擅長用有趣的小故事讓學生著迷，然而上課教學的工作總是會占用他研究最愛物理的時間。

有位同事警告愛因斯坦，搬到美國定居無異是「自殺」。美國在猶太科學家為逃離納粹德國而突然湧進之前，被視為是科學落後之處，幾乎沒有高等教育機構的水準能與歐洲競爭。愛因斯坦為自己的選擇辯護，他寫信致比利時的伊莉莎白皇后：「普林斯頓是個很棒的小地方……典雅端莊的村落，支柱上坐落著小小的半人半神像。我只要忽略某些特別的習俗，便能夠創造出專心研究、免於干擾的氣氛。」愛因斯坦決定落腳美國的消息傳遍全世界：「物理教宗」離開歐洲了，新的梵蒂岡是普林斯頓的高等研究院。

當愛因斯坦第一次參觀他的新辦公室，別人問他需要些什麼。除了一張書桌與一把椅子，他說自己還需要一個「大大的垃圾桶……這樣我才能丟掉自己所有的錯誤。」（該研究院也邀請了薛丁格任職，但據說身旁有太太與眾情婦環繞、力行「開放婚姻」而且情人名單一長串的薛丁格，覺得普林斯頓的氣氛太壓抑保守了。）美國人對於紐澤西州這位新居民感到著迷，他立刻成為全國最著名的科學家。愛因斯坦很快就成為家喻戶曉的人物。有兩個歐洲人打賭在信封寫上「美國，愛因斯坦博士」，看會不會寄達，結果信真的寄到了。

一九三〇年代，愛因斯坦在私人生活上屢受打擊。愛因斯坦最擔心兒子愛德華（暱稱泰德爾）的事情發生了，他因為與一名年長的女性談戀愛失敗而精神崩潰，送到蘇黎世的堡荷茲利（Burghozli）精神病院，那正是米列娃的姐姐曾經住院之處。愛德華被診斷為精神分裂症，後來除了短期探訪之外，他一生從未離開病院監護。愛因斯坦總是擔心兒子會遺傳到太太這邊的精神問題，他怪罪「該死的遺傳」，並傷心寫道：「我從泰德爾小時候，便預見會有這一天，徵兆發展雖然緩慢，但似乎無法阻擋。」一九三三年，他親密的朋友艾倫費斯特，也是協助廣義相對論早期發展的人，因為深受憂鬱症所苦，最後自殺，並且將年幼智能不足的兒子一併槍殺帶走了。

而長期為病痛折磨的艾爾莎，在陪伴愛因斯坦將近二十年後，也於一九三六年過世。根據友人回憶，愛因斯坦看來「蒼白發抖」，她的死亡「切斷他與一個人最親密的連繫」。他深受打擊，但設法慢慢恢復。後來愛因斯坦寫道：「我相當習慣這裡的生活，像在洞穴獨居的一隻熊……這種感覺在我的伴侶去世之後變本加厲，因為她比我還擅長與別人相處。」

艾爾莎死後，愛因斯坦與逃離納粹的妹妹瑪雅同住，還有繼女瑪格特與女祕書海倫。愛因斯坦展開人生最後階段，在一九三〇到四〇年代，他老得很快，沒有艾爾莎在他身旁打點儀容，那個閃閃發光、魅力十足、穿著燕尾服征服國王皇后的愛因斯坦，又回復到年輕時代的波希米亞風格。此時他的模樣變成大眾記憶中最深刻的白髮長者，這位普林斯頓哲人不論是面對稚子或皇室，皆帶著貫有的幽默感。

愛因斯坦與原子彈

然而對愛因斯坦來說，風波並沒有停歇。在普林斯頓期間，他面對了另一項挑戰：製造原子彈。早在一九〇五年，愛因斯坦曾經想過自己的理論或可解釋為何一點點鐳卻能在黑暗中大放光芒；其原子會釋放強大威力，而且似乎並無限制。事實上，鎖在原子核的能量，輕易就能比化學武器的能量大上好幾億倍。到了一九二〇年，愛因斯坦已經掌握到原子核內部能量的重大實質意義，他寫道：「新奇巨大的能量來源將被開啟，這是有可能的事情，其可能性甚至不小。雖然目前我們擁有的知識尚未能直接佐證，我們也很難預言未來，但這的確可能實現。」一九二一年時，他甚至猜想到在未來某個時刻，以煤為基礎的經濟可能最後會由核能取代。不過他也清楚有兩個大問題存在。首先是這個巨大的火力可能會被用來建造原子彈，對人類造成可怕的後果。他有如預言般寫道：「從火藥武器發明以來所有的爆炸總和，比起原子彈的毀滅性威力，都只能算是孩童無害的遊戲。」他也寫道，原子彈可能會演變為核子恐怖主義，甚至引發核子戰爭：「如果真能釋放這巨大無比的能量，那麼和我們即將進入的恐怖時代相比，黑暗的現代幾乎可說是太平盛世。」

最重要的是，他了解到這種武器製造是艱鉅的挑戰。他懷疑有生之年這件事是否可成。實際要取出鎖在一個原子內的驚人能量，並放大到兆億倍，這在一九二〇年代是絕對辦不到的。他說這很困難，「就像是在黑暗中要瞄準小鳥，而且還是在罕有鳥兒出沒的地方。」

愛因斯坦知道，關鍵可能在於加倍放大一個原子的力量。若是能取出一個原子的能量，然後引發鄰近原子隨後釋放能量，那麼或許可以放大核能。他指出，「如果輻射釋放後……接著又能引發相同的反應，」那麼就有可能引發連鎖反應。但在一九二〇年代，他不知道如何製造這種連鎖反應。當然，也有其他人想過如何操控核能，不是為人類福祉，而是為邪惡目的。一九二四年四月，保羅・哈爾特克（Paul Harteck）與威廉・克洛斯（Wilhelm Groth）向德國軍務部（Army Ordinance Department）指出，「首先開發利用（核能）者，將擁有他國無法凌駕的優勢。」

釋放這種能量的困難如下：原子核是正電，所以會排斥其他正電荷，如此可保護原子核免於隨機碰撞，避免釋放出近乎無可限量的能量。拉塞福的開創性研究發現了原子核，但他不認為原子彈是可能之事，並指出：「若有任何人期待靠原子轉換而獲得能量來源，無異是癡人說夢。」然而，一九三二年突然出現戲劇性突破，詹姆斯・查兌克（James Chadwick）發現新粒子——中子，它與質子同為原子核成員，屬於電中性。若對原子核發射一束中子，則不受原子核周邊電場干擾的中子，可能可以擊碎原子核而釋放出核能。於是物理學家想到這個點子：一束中子可能可以輕易分裂原子，並觸發原子彈爆炸。

正當愛因斯坦對於原子彈的可能性有所懷疑時，幾項重大的事件加速核分裂的發展。一九三八年，柏林威廉大帝物理研究所的奧圖・哈恩（Otto Hahn）與弗列茨・史特拉斯曼（Fritz Strassmann）分裂鈾核，物理界大為震驚。兩人用中子撞擊鈾，結果發現鋇元素的蹤跡，這表示鈾核分裂兩半，在過程中產生鋇元素。麗茲・麥特納（Lise Meitner，她是猶太裔科學家，也是哈恩同事，當時已逃離納粹）與侄兒奧圖・夫芮許（Otto Frisch），針對哈恩實驗結果提供了原本欠缺的理論基礎。根據他們的計算，在實驗過程中殘餘物比原先的鈾核輕一點點，在反應中似乎有質量消失了，同時鈾原子分裂也釋放出二億電子伏特的能量，顯然不知從何而來。到底消失的質量去了哪裡，而神祕的能量又從何而來呢？麥特納明白，愛因斯坦著名的方程式 $E=mc^2$ 下握有謎題的鎖鑰。若將消失的質量乘以 c^2，便可得到二億電子伏特，正如愛因斯坦理論所預測。當波耳得知愛因斯坦的方程式獲得證實的驚人消息時，他立刻領悟到此項結果的重大意義。他拍拍自己的額頭，喊道：「噢，我們多笨啊！」

一九三九年三月愛因斯坦告訴《紐約時報》，現階段的實驗結果「雖然尚未證實利用過程中釋放的原子能之假設為可行……然而，沒有一個物理學家會因此減少對此重大課題的興趣。」不過就在同一個月，費米與約里奧—居里（Frédéric Joliot-Curie，瑪麗・居里的女婿）發現鈾核分裂時會釋放出兩個中子，這結果實在是太驚人了。若這兩個中子能夠繼續分裂二個鈾核，接下來會產生四個中子，再來是八個，再來是十六個，再來是三十二個……直到在連鎖反應中釋放無可計數的核力。短短一瞬間，一個鈾原子的分裂能引發無數個鈾原子分裂，釋放出多到無法想像的核能！費米望向哥倫比亞大學的窗外，不禁憂慮只要一顆原子彈便可摧毀眼前所見紐約市的一切……。

競賽開始了。齊拉德對事情發展之快速感到心驚，他憂心當時在原子物理中領先的德國人，可能會率先製造出原子彈。一九三九年，齊拉德與尤金・威格納（Eugene Wigner）驅車前往長島拜訪愛因斯坦，請他簽署一封致羅斯福總統的信件。

這封決定命運的信件在世界史中占了重要地位，開頭是：「最近費米與齊拉德先生的一些研究已送原稿給我看過，根據這些研究，我認為鈾元素在不久的將來可望變成重要的新能源。」信中也提到希特勒已入侵捷克，並封閉鈾礦豐富的瀝青鈾礦區。接下來信中警告：「這種炸彈不論是由船隻運送或在港口爆炸，只要一個便足以摧毀整個港口與鄰近部分地區。不過這種炸彈可能會太重，而無法空運。」這封信件透過羅斯福總統的助手亞歷山大・沙克斯（Alexander Sachs）轉達，當沙克斯詢問總統是否明白此信的嚴重性時，羅斯福回答：「我們必須確保納粹不會炸掉我們。」他轉向華生將軍（E. M. Watson）說：「我們必須採取行動。」不過整個年度的鈾研究計畫，只撥給六千美元的預算。但是到了一九四一年秋天，一份夫芮許－佩爾斯（Frisch-Peierls）機密報告送達華盛頓特區時，政府突然增高原子彈計畫的關注度。該報告指出，英國科學家已獨立證實愛因斯坦所言確實可行，因此在一九四一年十二月六日，曼哈頓計畫祕密啟動了。

在歐本海默（他曾經研究過愛因斯坦的黑洞理論）的指導下，政府祕密接觸幾百名世界頂尖的科學家，然後送往新墨西哥州沙漠中的洛斯阿拉莫斯國家實驗室（Los Alamos National Laboratory）。在每所重要大學裡，像是漢斯・貝特（Hans Bethe）、費米、埃德華・泰勒（Edward Teller）與威格納等科學家，皆是背後有人拍拍肩膀後便跟著悄悄離去。（並不是每個人都對於急需製造原子彈一事感到高興，像是麥特納的研究雖然幫助開啟這項計畫，然而她卻始終拒絕參與原子彈製造，她是聯軍中唯一拒絕加入洛斯阿拉莫斯研究計畫的知名核子科學家，曾明白表示：「我跟炸彈一點兒關係也沒有！」幾年後，好萊塢的編劇試圖在電影《開始或結束》（*The Beginning or the End*, 1947）美化她，將她描寫成勇敢偷帶原子彈藍圖逃離納粹德國的女英雄，她回應：「我寧願脫光走在百老匯街上，也不願意跟這種瞎掰俗爛的東西有何牽扯！」）

愛因斯坦發現自己在普林斯頓親近的同事們都突然消失了，他們只留下一個在新墨西哥州聖塔菲的神祕地址。不過愛因斯坦自己從未被人在肩頭偷拍一下，只是留在普林斯頓度過整個戰爭歲月，其中理由已經從解密的戰爭文件中揭露。當年的科學研究發展辦公室主任、也是羅斯福信任的顧問維那瓦．布希(Vannevar Bush)寫道：「我非常希望能將整件事攤在他(愛因斯坦)面前……但是對於研究過他全部歷史的華盛頓官員來講，是絕對不可能之事。」ＦＢＩ與軍方情報人員認為愛因斯坦不能信任：「依其激進背景視之，本辦公室無法推薦聘用愛因斯坦博士。基於事件機密本質，此事極需審慎調查。具有這種背景之人，似乎很難在短時間內成為忠心的美國公民。」顯然ＦＢＩ不知道愛因斯坦早就明白這項計畫，一開始還曾經幫忙催生運作。

最近愛因斯坦的ＦＢＩ檔案已解除機密，共有一千四百二十七頁長。胡佛局長認為愛因斯坦若不是共產黨的間諜，充其量也是個被騙之人。ＦＢＩ仔細過濾有關愛因斯坦的所有隻字片語，然後全部歸成檔案。諷刺的是，ＦＢＩ不敢與愛因斯坦正面衝突，彷彿是害怕他似的，他們倒是喜歡盤問、騷擾他身邊的人，結果ＦＢＩ收藏了幾百封疑神疑鬼與胡說八道的信件，甚至有檔案報告說愛因斯坦正在研究某種死亡射線。一九四三年五月，一位海軍上尉拜訪愛因斯坦，請問他是否願意為美國海軍研究武器與高爆炸藥。這位上尉寫道：「他對於被忽略而感覺很糟，從來沒有任何人請他為戰事服務。」總是妙語如珠的愛因斯坦說，自己現在進入海軍了，可是不用去剃頭！

聯軍急切想要製造原子彈，是因為恐懼德國先製成炸彈。但實際上，德國軍備研究的人力與資金都非常少。德國最偉大的量子物理學家海森堡受命領導一組科學家團隊進行研究計畫，一九四二年秋天當德國科學家明白還要再認真努力三年才能造出一顆原子彈時，納粹軍需部長阿伯特・史佩爾（Albert Speer）決定暫時擱置該計畫。史佩爾犯了一個戰略錯誤，他認定德國在三年內會打贏戰爭，所以沒必要製造炸彈。不過，他持續資助核能動力的潛艇研究。

海森堡遇到其他問題阻礙。希特勒宣布軍備發展只限於六個月內可看到成果的武器上，這實在是不可能達成的期限。除了缺乏資金外，德國實驗室也遭到聯軍攻擊。一九四二年，一支突擊隊成功炸掉海森堡在挪威維摩克（Vemork）的重水廠。相較於費米決定建造碳反應器，德國人選擇建造可以利用天然鈾的重水反應器，而不是極罕有的鈾235。一九四三年，聯軍密集轟炸柏林，迫使海森堡搬遷實驗室，威廉大帝實驗室撤退到賀須根（Hechingen），就在斯圖佳（Stuttgart）南邊的山丘上。海森堡必須在黑格拉（Haigerloch）附近的掩體內建造德國的反應器，在高壓及轟炸下，他們從未能成功持續連鎖反應。

同一時間，曼哈頓計畫的物理學家正趕忙生產足夠的鈽與鈾，以備四個原子彈所需。他們不停地計算，直到新墨西哥州阿拉莫戈多（Alamogordo）試爆的關鍵時刻。第一顆以鈽239製成的炸彈，在一九四五年七月成功引爆。原本在聯軍對納粹獲得決定性勝利後，許多物理學家認為對抗剩下的敵軍——日本，已經不需要用到原子彈。有些人相信只要到荒島上示範原子彈，並請日本官員代表見證，便足以警告日本人投降一事不可避免。還有些人甚至擬信致美國總統杜魯門，要求不要丟炸彈到日本土地上。不幸的是，這封信並未寄出。有一名科學家喬瑟夫・勞伯特（Joseph Rotblatt）甚至退出原子彈計畫，聲明他的研究已完成，且原子彈絕對不該用在日本上（他後來獲得諾貝爾和平獎）。

但是已經做了決定，而且不只要丟一顆原子彈，一九四五年八月兩顆原子彈投到日本。當時愛因斯坦正在紐約州的莎拉娜克湖（Saranac）度假，海倫聽到收音機裡的新聞，她記得那則報導「說一種新型炸彈丟到日本了，我知道那是什麼，因為我約略知道齊拉德的事情……當愛因斯坦教授下來喝茶時，我告訴他這件事，他喊著『噢，我的天啊！』」

一九四六年，愛因斯坦登上《時代》雜誌封面，這回他的背景是一團核子大火球[1]。全世界突然明白，到了第三次世界大戰的時候，人類可能就會用原子彈互相攻擊。不過，愛因斯坦認為核子武器可能會讓文明倒退幾千年，所以第四次世界大戰又會改用石頭打仗了。那年愛因斯坦擔任原子科學家緊急委員會主席，這也許是第一個重大反核組織，他藉此做為發言平台，主張反對繼續製造核子武器，並倡導他一向重視的使命——世界政府。

苦心孤詣，追求統一場論

在原子彈與氫彈掀起的風暴當中，愛因斯坦保持一貫的和平與主張，並堅決回到物理研究上以維持清楚的思路。一九四〇年代，在愛因斯坦所幫忙建立的領域中，他仍然做了許多前瞻性的研究，包括宇宙學與統一場論；這是他最後一次對「閱讀上帝心智」的嘗試。

戰爭過後，薛丁格與愛因斯坦常常越洋通信。這兩名量子理論之父幾乎是孤軍奮戰，一方面抵抗量子力學的浪潮，並且將重點放在統一場論的探尋上。一九四六年，薛丁格對愛因斯坦坦白以告：「您在獵捕大型動物，追逐的目標是獅子，而我談的只是兔子。」不過受到愛因斯坦的鼓勵，薛丁格繼續追尋一種特別的統一場論，稱為「仿射場論」(affine field theory)。很快地，薛丁格完成自己的理論，讓他相信自己在愛因斯坦失敗之處已經有所進展：統一光與重力。他驚嘆自己的新理論是「奇蹟」，是「從來不敢想像、上帝的禮物」。

在愛爾蘭研究的薛丁格，感覺自己孤立於物理界主流之外，已經淪落為大學行政人員與過氣人物。但現在他深信新理論可為他贏得第二座諾貝爾獎，急忙之下他召開一個重大的新聞記者會，愛爾蘭首相艾蒙・德瓦勒拉（Eamon de Valera）等人也蒞臨會場。當一名記者問薛丁格對新理論抱持多大的自信時，他回答：「我相信自己是對的；若我錯了，看起來一定會蠢極了。」然而，愛因斯坦馬上看出，薛丁格追求的是自己多年前已揚棄的理論。如同物理學家費曼．戴森（Freeman Dyson）寫道：往統一場論的路途上，零落地散布著失敗者的遺體。

愛因斯坦無畏地繼續研究統一場論，大多時間遠離物理社群。由於缺乏一個引導的物理準則，他試圖在自己的方程式裡尋找漂亮與優美。如同數學家G．H．哈帝（G. H. Hardy）曾說：「數學模型就像畫家與詩人的作品，必定要漂亮才行；數學概念就像是色彩或文句一般，必要搭配和諧才是。漂亮是第一道考驗，醜陋的數學沒有久留之地。」但是統一場論缺乏等效原理之類的概念，讓愛因斯坦有如缺乏一顆晨星指點迷津。他遺憾其他物理學家看世界的方式與自己不同，但他從未因此失眠。他寫道：「我已變成孤單的老人家，像父執輩的人物。別人只知道我不穿襪子，是會出現在各種場合的奇特人物。但在做研究時，我比以前更加狂熱投入，滿心希望解決物理場統一的老問題。然而，現在我像是坐在飛船裡，可以在雲際穿梭飛行，但卻不清楚該如何才能回到地面上，回到現實裡。」

愛因斯坦明白，研究統一場論而非量子理論，將會使自己孤立於研究院主流之外。他感嘆道：「我看來一定像是鴕鳥，總是將自己的頭埋在相對論的沙子裡，而不肯面對邪惡的量子。」那些年裡，別的物理學家耳語傳說他已經開始走下坡，落在時代後頭了，但這不會影響他，他寫道：「大家把我想成是化石，經過這些年變得又聾又瞎。我覺得這種角色不會太討厭，滿符合我的個性。」

一九四九年過七十歲生日時，研究院裡特別為愛因斯坦慶生祝壽。許多物理學家到場祝賀那個時代最偉大的科學家，並集結文章出書紀念。然而，從幾位演講者與訪談者接受採訪的語氣看來，顯然有些人揶揄愛因斯坦對量子理論的立場。站在愛因斯坦這邊的人對此不悅，但愛因斯坦卻十分寬容地接受。一位家庭友人湯馬斯・貝奇（Thomas Bucky）記道：「歐本海默在一本雜誌裡嘲笑愛因斯坦，說『愛因斯坦老了，再也沒有人注意他』，我們都氣極了。但是愛因斯坦一點兒也不生氣，他不相信這件事，後來歐本海默也否認說過這種話。」

這就是愛因斯坦的風格，對於謠言總是抱持懷疑。當紀念文集出版後，他幽默寫道：「這不是為我祝壽慶賀，而是對我控訴彈劾的。」他是經驗豐富的科學家，知道新想法難得，自己所產生的想法也已不復當年，他便寫下：「真正新的東西只有在人年輕的時候發明，之後人就變得更有經驗、更有名氣，以及更笨。」

然而繼續驅使他向前的是，他處處看到線索指出統一是宇宙偉大的藍本之一。他寫道：「自然只露出一條獅子尾巴給我們看。但我不會懷疑尾巴前面就是隻獅子，只因為牠太大了，才會一時看不盡。」愛因斯坦每天早上一醒來，便會問自己一個簡單的問題：若自己是上帝，將會如何創造宇宙？由於創造宇宙有許多限制，他又問自己另一個問題：上帝有選擇嗎？當他凝視宇宙時，眼裡所見的每件事物都告訴他統一是自然界最偉大的主調，上帝創造宇宙時不會讓重力、電力、磁力各自為政、無所聯繫。他知道自己缺乏的是一項指導方針，只要一幅物理圖象就能照亮往統一場論的道路。然而，他一無所獲。

在研究狹義相對論時，那幅圖象是一個十六歲的少年追趕一道光束。在研究廣義相對論時，是一個男人躺在椅子後仰快要倒了，或是彈珠在曲面上滾動。然而在研究統一場論時，他沒有找到這種指南。愛因斯坦以此句話聞名：「上帝是難解的，不過祂卻不致於詭詐。」然而經過多年為統一場論的問題掙扎奮戰後，他向助理瓦倫汀・巴格曼（Valentine Bargman）承認：「我看法改了，也許祂是詭詐的。」

雖然統一場論公認是物理學中最困難的問題，但對於物理學家而言，這也是最光彩奪目、最吸引人的疆界。例如很諷刺地，曾嚴厲批評愛因斯坦統一場論的人士之一鮑立，最後自己也投入行列。在一九五〇年代晚期，海森堡與鮑立對於某個統一場論版本越發感到興趣，宣稱這可解決阻礙愛因斯坦三十年的問題。培斯寫道：「從一九五四年到人生最後，海森堡（一九七六年歿）全心試著要從一個基本的非線性波方程式，導出全新的粒子物理。」一九五八年，鮑立拜訪哥倫比亞大學，演講海森堡—鮑立版的統一場論。觀眾不用說都抱持懷疑。聽眾之一的波耳最後站起來說：「我們在後面的人都同意您的理論是瘋狂的，但對於您的理論到底夠不夠瘋狂，我們之間無法達成一致共識。」

物理學家伯恩斯坦也是聽眾，他說道：「聽到現代物理學兩大巨人交鋒，真是太不可思議了。我一直在想，一個非物理學家的聽眾會如何看待此事。」最後鮑立對他的理論幻滅，認為這理論缺失太多。當他的合作夥伴堅持繼續下去時，鮑立寫信給海森堡，並附上一張白紙，表示他的理論如果真的是統一場論，那麼這張白紙就是提香的名畫了。

宇宙學的新視野

雖然統一場論的進展緩慢又磨人，但是有其他許多有趣的突破，讓愛因斯坦忙碌不已，其中最奇怪的一項突破莫過於時間機器。

對於牛頓，時間彷若一支箭，一旦射出後，便直直往前飛，絕不會偏離路徑；地球上的一秒是外太空裡的一秒，時間是絕對的，在整個宇宙裡以相同速率一致前進，事件在宇宙裡同時間發生。然而，愛因斯坦引進相對時間的概念，所以地球上的一秒不是月球上的一秒；時間就像是老人之河，蜿蜒經過星際間，通過天體附近時速度便慢下來。而數學家庫爾特．哥德爾（Kurt Gödel）提出來的問題是：時間之河會不會有漩渦，而倒轉逆流？或者他會不會分叉成兩條支流，創造出平行宇宙呢？哥德爾可說是二十世紀最偉大的數學邏輯家、同時又是研究院裡愛因斯坦的鄰居，一九四九年當他證明愛因斯坦的方程式允許時間旅行時，愛因斯坦被迫要面對這個問題。哥德爾提出一個充滿氣體並且會旋轉的宇宙，若有人登上火箭並繞行整個宇宙，則這個人有可能在離開之前便回到地球了！換句話說，在哥德爾的宇宙裡，時間旅行是自然的現象，我們可以在宇宙之旅中一再回到過去。

這震撼了愛因斯坦，因為到目前為止，每當有人試著求愛因斯坦方程式的解時，都會發現解答符合數據。像是水星近日點、紅移、星光彎曲、恆星重力等等，都相當吻合實驗數據。然而，他的方程式這次所得到的解答，竟然挑戰我們對時間的所有想法！若時間旅行是稀鬆平常之事，那麼歷史永遠不可能寫下，過去會像沙丘而無定形，只要有人進入時間機器裡，隨時會遭到更改。更糟的是，有人可以創造時間矛盾而破壞宇宙，例如若是你回到過去，在自己出生之前便將父母殺死了，那麼便會造成問題，因為要是你殺死父母，那你怎麼會出生呢？

時間機器違反因果律，因果律卻是物理學重視的原則之一。愛因斯坦不喜歡量子理論，正是因為該理論以或然率取代因果律所致，而現在哥德爾則是整個消滅因果律！思考許久後，愛因斯坦終於指出哥德爾的解答不正確，因為它並不符合觀測數據；宇宙正在擴張而不是旋轉，所以至少就目前看，時間旅行是不正確的。但這又留下想像空間：如果宇宙是旋轉而非擴張，則時間旅行將會變得很平常。不過，還要再等五十年，時間旅行的概念才受到更大的注目與研究。

一九四〇年代也是宇宙變動的時代。喬治・加莫（George Gamow）是愛因斯坦戰時在美國海軍的聯絡人員，不過他對設計炸藥的興趣不大，反倒是更喜歡問「大霹靂」這史上最大爆炸事件的問題。結果，加莫問了自己幾個將宇宙弄得天翻地覆的問題，把大霹靂理論推向邏輯容許的極致。他精明地猜想到，若宇宙果真是從大爆炸裡誕生，那麼應該偵查得到最早那團火球留下來的餘熱，也就是應該會有大霹靂本身的「誕生回音」。加莫引用了波茲曼與普朗克的研究，他們證明熱物體的顏色應與溫度相關，因為兩者都是能量的不同表述。例如，若是物體呈紅熱狀態，代表其溫度大約為攝氏三千度，若物體呈黃熱狀態（如太陽），則其約為攝氏六千度（即太陽表面溫度）。同樣地，人類的身體是溫暖的，若計算我們身體的「顏色」，會落在紅外線輻射段波（軍用夜視鏡之所以有用，是因為可偵測到溫暖人體所散發出來的紅外線）。加莫與兩個同事雷夫・阿爾發（Ralph Alpher）與魯伯特・赫曼（Robert Herman）推論大霹靂發生於數十億年前，並據此在一九四八年便計算出大霹靂的餘溫應該比絕對零度高五度，與正確值極為接近。此輻射相當於微波輻射，因此「創生顏色」便是微波輻射。（微波背景輻射在數十年後終於發現，結果比絕對零度高二・七度，此發現完全革新了宇宙學領域。）

孤獨長者的辭世

雖然愛因斯坦在普林斯頓相當孤立，但是他仍活著看到其廣義相對論在宇宙學、黑洞、重力波等等領域開枝散葉。不過，他生命中的最後幾年也充滿憂傷。一九四八年，他得到消息說長年辛勞照顧發瘋兒子的米列娃過世了，原因是愛德華發脾氣時她中風身故。（稍後在她床上找到八萬五千法朗的現金，這是她賣掉蘇黎世公寓後剩下的最後一筆錢，用來支付愛德華接受長期照護的費用。）一九五一年，愛因斯坦親愛的妹妹瑪雅也過世了。

一九五二年，曾經幫忙愛因斯坦籌畫一九二一年美國凱旋之旅的魏茲曼，在擔任以色列總統後過世，以色列總理大衛・賓古龍（David Ben-Gurion）出乎意料地邀請愛因斯坦擔任以色列總統。雖然這是一項榮譽，但愛因斯坦必須要拒絕。

一九五五年，愛因斯坦得知曾幫他修正狹義相對論的好友貝索過世了。在寫給貝索兒子的信裡，愛因斯坦感性地寫道：「我最欣賞米歇爾的地方，是他能夠與同一位女性共度這麼多年，平靜且和諧，而我很遺憾自己失敗過兩次。……這次他又超前我，先一步離開這個光怪陸離的世界。不過這不代表什麼，對於我們相信物理的人來說，過去、現在、未來的區別不過是人們心中頑固的錯覺。」

那年隨著健康狀況衰退，愛因斯坦表示：「以人工方式延長生命沒有意思，我已經過完此生，是走的時候了，我要優雅地離去。」最後，愛因斯坦在一九五五年四月十八日因動脈瘤破裂而死亡。在他死後，漫畫家赫布洛克（Herblock）在《華盛頓郵報》刊登一則感人的圖畫，他畫出從外太空看地球，有一塊大招牌寫著「愛因斯坦住在這裡」。那個晚上，全世界的報紙忙著傳送一張愛因斯坦書桌的照片，桌上擺著他最偉大的未完成理論——統一場論的手稿。

註釋

1. 一九四八年，愛因斯坦在幫忙草擬致知識分子的書信上寫道：「人類尚未成功發展出確保世界所有國家和平共處的政經組織，所以科學家悲慘的命運是幫助發展更恐怖、更有效的毀滅之道，然而我們必須盡全力阻止這些武器被用在殘忍之途上，更應當將此視作我們莊嚴超然的義務。還有什麼任務對我們更重要？還有什麼社會使命更貼近我們的真心呢？」

同時他也闡明自己對世界政府的看法：「拯救文明唯一之途……在於創造世界政府，立法保障各國安全……只要主權國家繼續各擁軍備與祕密武器，新世界大戰終難避免。」

第九章
愛因斯坦的預言遺產

大多數傳記作者都忽略愛因斯坦的最後三十年，認為這幾乎算是不值得回首的一段難堪歲月，是天才璀璨人生中的一個污漬。不過，過去幾十年在科學上的進展，讓我們對於愛因斯坦的遺產有了全新看法，因為他的研究是如此根本，改造了人類知識的基礎，其衝擊也持續在物理學中迴響。愛因斯坦撒下的許多種子已在二十一世紀初萌芽，主要是因為當今的儀器如太空望遠鏡、X射線太空觀測台與雷射等，功能強大又夠靈敏，終於能夠驗證他在許多年前所做的預測。

愛因斯坦餐盤上掉落的碎屑，如今則為其他科學家贏得諾貝爾獎。另外，愛因斯坦試圖將所有的力統一的想法，曾經是別人嘲弄訕笑的對象，然而隨著超弦理論崛起，現在則登上理論物理界的中心舞台。本章將討論愛因斯坦的恆久遺產繼續在物理世界發揮領導地位的三個領域：量子理論、廣義相對論以及統一場論。

愛因斯坦對量子理論的啟發

當一九二四年愛因斯坦開始寫玻色—愛因斯坦凝聚態的論文時，他並不認為短期內便能發現這種奇特的現象，因為要讓所有的量子態變成一個巨大的超原子之前，物質必須先冷卻到絕對零度才行。

一九九五年，美國國家標準技術院的艾瑞克．柯內爾（Eric A. Cornell）與科羅拉多大學的卡爾．魏曼（Carl Weiman）辦到了，他們將二千個銣原子冷卻到比絕對零度高億分之二度，製造出純粹的玻色—愛因斯坦凝聚態。此外，麻省理工學院的沃夫崗．凱特勒（Wolfgang Ketterle）也獨立製造出玻色—愛因斯坦凝聚態，他凝聚足夠的鈉原子以便進行重要的實驗，例如證明這些原子所出現的干涉條紋代表彼此之間有關連。換句話說，這些原子的表現和愛因斯坦七十多年前預測的超原子很像。

自從第一個實驗結果宣布以後，這個快速發展的領域馬上有了更多新發現。一九九七年，麻省理工學院的凱特勒等人利用玻色—愛因斯坦凝聚態製造出世界第一道「原子雷射」。雷射光之所以擁有驚奇的特質，在於雷射中的光子們會整齊畫一地前進，不像普通光是亂七八糟地前進。既然物質也擁有波的特質，物理學家猜想原子束也能夠做成雷射，但是由於缺乏玻色—愛因斯坦凝聚態，而阻礙了這方面的進展。這些物理學家最後終於成功了，他們先將一群原子冷卻到凝聚，然後用雷射光束打凝聚物，結果將原子們變成一道同調光束。

二〇〇一年，柯內爾、魏曼與凱特勒共同獲得諾貝爾物理獎。諾貝爾獎委員會指其貢獻在於「成功使用鹼金原子的稀薄氣體達到玻色—愛因斯坦凝聚態，並奠定凝態物質的初步研究基礎」。現在，玻色—愛因斯坦凝聚態的實際應用才正要實現，這類原子雷射未來應用在奈米科技上，將具有可觀價值。他們可允許操縱個別原子，並創造未來電腦中的半導體多層原子薄膜。

除了原子雷射外，一些物理學家猜想量子電腦（以個別原子進行運算的電腦）或許能夠以玻色—愛因斯坦凝聚態為基礎，最終取代矽基電腦。還有人猜想，暗物質有部分可能是由玻色—愛因斯坦凝聚態所組成。若是如此，則這種晦暗不明的物質可望構成大部分的宇宙。

愛因斯坦的貢獻也促使量子物理學家重新省思，檢討自己是否過度相信哥本哈根學派最早的量子理論詮釋。在一九三〇到四〇年代，當量子物理學家在愛因斯坦背後竊笑時，很容易會忽略這門巨大的物理學，因為量子物理學每天的新發現似乎源源不斷；當物理學家像摘蘋果般搶著摘下諾貝爾獎時，誰還有時間沉思量子理論的基礎呢？當時有幾百篇的計算針對金屬、半導體、液體、晶體等等材質，每個計算都能創造全新的產業，根本沒有多餘的時間好好想想。結果幾十年下來，物理學家已習慣哥本哈根學派的說法，將更深沉、未解答的哲學問題掃到地毯下，遺忘了當年波耳與愛因斯坦的辯論。看來許多「容易」的物質問題都被挑光揀淨了，但是愛因斯坦提出的艱深問題卻仍然沒有答案。如今全球有許多國際性會議開始重新檢視第七章談到的薛丁格的貓問題。現在實驗家已經能夠操縱個別原子，貓咪問題不再是學術問題了，事實上，左右全世界大半財富的電腦科技，其終極命運也許就取決於這個解答，因為未來電腦可能會運用到個別原子製成的電晶體。

在貓咪問題的所有解答選項裡，現在公認波耳的哥本哈根學派其詮釋是最無法使人信服的，儘管實驗上一直還沒有出現能駁斥此說的反面證據。哥本哈根學派假設，有一道「牆」分隔了平常、巨觀的世界（如我們眼裡看見的山水、人物等），以及神祕、反直覺、微觀的量子與波世界。在微觀世界裡，次原子粒子處於存在與不存在之間的幽暗地帶，不過因為我們住在牆的另一面，這邊所有的波作用都瓦解了，所以我們的巨觀宇宙看起來明確堅實。換句話說：有一道牆分開了觀察者與被觀察者。

有些物理學家包括諾貝爾獎得主威格納在內，甚至更進一步發展。威格納強調，觀察的關鍵要素在於意識，需要一個有意識的觀察者做觀察，才能決定貓咪的實際狀態。但是誰來觀察這位觀察者呢？必須要有另一名觀察者（稱「威格納的朋友」）存在，來決定貓的觀察者是活著的。這表示將有一長串無限的觀察者，這意謂也許有一個宇宙意識存在，決定了宇宙本身的性質！他說道：「正是從外在世界的研究讓我們推知，意識的內涵才是最終的真實。」因此有些人主張這證明上帝的存在，它代表了某種宇宙意識，或主張宇宙本身是有意識的。如普朗克曾經說過：「科學無法解決自然界的終極奧祕，因為在最後的分析裡，人類也是我們想要解開的謎團一部分。」

幾十年來其他詮釋陸續出現。一九五七年，物理學家惠勒門下的一名研究生修．艾佛雷特（Hugh Everett），對於貓咪問題提出一個也許是最激進的解答，即「多重世界」理論，主張所有可能的宇宙同時存在。他分析道，貓咪的確有可能同時是死又是活的，因為宇宙本身已經分裂成為兩個宇宙。這個想法下隱含的意義著實令人不安，因為這意謂宇宙在每個量子事件上不斷分叉出去，產生數量無限的量子宇宙。惠勒起初對於學生的點子感到相當興奮，不過後來就放棄了，說他帶有太多「形上學的包袱」。例如，想像有個宇宙射線穿透邱吉爾母親的子宮內，結果引發流產。因而，一個量子事件分開了我們與另一個宇宙，在那裡邱吉爾從未出生，當然也未能領導英國人民與世界對抗邪惡殘暴的希特勒勢力；在那個平行宇宙裡，也許納粹贏得了二次大戰勝利，並且奴役全世界。或者想像在一個世界裡，量子事件引發太陽風，在六千五百萬年前將一顆彗星或流星推開軌道，所以沒有撞上墨西哥的猶加敦半島，也沒有讓恐龍滅絕；在那個平行宇宙裡，人類從來沒有出現，而我現在居住的曼哈頓則是恐龍占據的天下。

腦海裡同時思索所有可能的宇宙，實在讓人頭昏腦脹。對於各種量子理論詮釋，經過數十年爭論不休後，一九六五年瑞士日內瓦CERN核子實驗室的物理學家貝爾的一項分析實驗，將決定愛因斯坦對量子理論的批評是否站得住腳。這是一項嚴峻的考驗。[1]貝爾相當關切愛因斯坦先前所提出的深奧哲學問題，最後他提出一項定理，答案終於揭曉。（貝爾定理的依據，是重新檢驗舊EPR實驗的一個版本，並分析兩個運動方向相反的粒子間的相關性。）第一次可信的實驗是一九八三年由巴黎大學的亞倫．阿斯培（Alain Aspect）進行，實驗結果證實了量子力學的觀點。愛因斯坦對於量子理論的批評錯了。

但是，若此刻可以排除愛因斯坦對量子理論的批評，那麼在眾多量子力學學派中，到底哪個才正確呢？現在絕大部分物理學家都認為，哥本哈根學派實在不夠完整。波耳的圍牆分開微觀世界與巨觀世界，然而我們現在已經可以操縱個別原子，這道圍牆顯然不再成立。「掃瞄穿隧顯微鏡」（scanning tunneling microscopes）可以操作個別原子，還曾經拼出「IBM」三個字，甚至創造了一個可運算的原子算盤。此外，全新的奈米科技領域正是以操縱原子為基礎。類似薛丁格的貓實驗之類的研究，如今都可以運用個別原子來進行。

儘管如此，貓的問題到現今仍然找不到一個解答，能讓所有物理學家都滿意。自從波耳與愛因斯坦在索爾維會議迸出火花已經八十年了，有些尖端的物理學家（包括一些諾貝爾獎得主）開始傾向以「去同調性」來解決貓咪問題。去同調性是基於貓咪的波作用非常複雜，因為它包含了一千零二十五個原子，這真的是個天文數字！因此，活貓的波與死貓的波之間的干涉作用相當強烈，這代表兩種波作用可以同時存在相同空間裡，但永遠不會影響到彼此，兩者已經互相「去同調」，不再意識到對方存在。去同調性理論的其中一種說法是，波作用永遠不會像波耳所說會「瓦解」，他們只是會分開，等於是永遠不再交互作用。

諾貝爾獎得主史蒂芬．溫柏格（Steven Weinberg）將此比喻成聽收音機。旋轉調頻鈕時，我們可以連續聽到許多電台，每個頻率彼此不同調，所以電台之間不會有干涉。我們的房間裡同時充滿所有電台傳來的訊號，各自成就各自的資訊天地，但彼此沒有互動交流，而收音機每次只能調到一個頻率。

去同調性聽起來很棒，意謂著一般的波理論便可以解決貓咪問題，用不著波作用瓦解的理論。然而，這個合邏輯的推論也有麻煩。在最後的分析裡，去同調性暗示了「多重世界」的詮釋──我們現在擁有的不只是不會互相干擾的無線電台，而是全部都不會互相作用的宇宙。這看起來很奇怪，意謂著就在你看這本書的房間裡，存在眾多平行世界的波作用，在那裡納粹可能贏了二次大戰、人們說著奇怪的語言、恐龍在客廳裡打架、外星生物橫行地球，或者是地球根本不曾存在！我們的「無線電」只有調到自己住的熟悉世界，但是在同一個房間裡，存在別的「無線電台」，那裡有不正常、怪異的世界與我們並存。我們不能與這些走到客廳裡的恐龍、怪物與外星人互動，因為我們住在不同的「無線電」頻率，跟他們不同調。如諾貝爾獎得主理查．費曼（Richard Feynman）曾經說過：「我想，說沒有人懂量子力學是個安全的講法。」

時代追趕著愛因斯坦的腳步

愛因斯坦對量子理論的批評，的確有助於推動其發展，只是其矛盾尚未帶來滿意的解答。不過，愛因斯坦有許多其他想法已獲得證實，尤其是在廣義相對論的領域。到了今日原子鐘、雷射、超級電腦的時代，科學家已經針對廣義相對論進行當年所辨不到的精確測試。例如，一九五九年哈佛的羅伯特．龐德（Robert V. Pound）與G．A．雷巴克（G. A. Rebka）終於在實驗室證實愛因斯坦對重力紅移的預測，也就是時鐘在不同重力場下會以不同速率前進。他們利用輻射鈷，在哈佛的李曼實驗室（Lyman）地下室將輻射射向七十四呎高的屋頂。藉由極精良的測量儀器（利用梅斯堡效應〔Mossbauer effect」），兩人證明光子到達實驗室天花板的過程中會失去能量（頻率會減小）。一九七七年，天文學家傑西．葛林斯坦（Jesse Greenstein）等人分析十二顆白矮星，果然證實時間在強重力場裡會變換。

日全蝕實驗也在極度精準的情況下，重複進行了許多次。一九七〇年，天文學家精確地確定二顆極遙遠的魁霎（似星體）3C 279、3C 273 的位置，這些魁霎的光線確實如愛因斯坦理論預測的會發生彎曲。

原子鐘的發明也革新了精確實驗的進行方式。一九七一年，原子鐘被放到一架噴射機上，飛機從東往西飛，也從西往東飛，然後再將這些原子鐘與華盛頓海軍天文台裡靜止的原子鐘進行比較。若分析飛機上以不同速度前進（但高度相同）的原子鐘時，科學家能夠檢驗狹義相對論；而分析速度相同、但高度不同的飛機時，可以測試廣義相對論的預測是否為真。最後，這兩種情況都在實驗誤差內證實了愛因斯坦的預測。

發射太空衛星也革新了廣義相對論的測試方式。一九八九年歐洲太空總署發射衛星希巴古斯（Hipparcos），花了四年計算太陽所造成的星光偏折，甚至分析了比北斗七星還暗一千五百倍的星球。在太空深處沒有必要等待日全蝕，實驗可以隨時進行。結果，他們成功發現星光會依照愛因斯坦預測的發生彎曲，甚至發現離太陽方向很遠的星光，也會受影響而彎折。

到了二十一世紀，有各種精確實驗正準備測試廣義相對論的準確性，包括更多的雙星實驗，甚至要將雷射打到月球上。但最有趣的精確實驗可能要屬重力波。愛因斯坦在一九一六年預測重力波的存在，然而他對有生之年能證實這些奇特現象的機會，感到相當渺茫無望，因為二十世紀初的實驗設備真的是太原始了。但是在一九九三年，諾貝爾獎頒給羅素・哈爾斯（Russell Hulse）與喬瑟夫・泰勒（Joseph Taylor）這兩名物理學家，因為他們檢驗互相旋繞的雙星，間接證實重力波的存在。

他們檢驗的是雙中子星 PSR1913+16，距離地球約一萬六千光年遠，兩顆死星每七小時四十五分互繞一圈，移動時釋放大量的重力波。例如，想像用兩根湯匙攪動一壺蜜糖，湯匙彼此繞轉。當湯匙在蜜糖裡移動時，軌道上會留下一圈蜜糖的痕跡。同樣地，若將蜜糖換成時空構造，將湯匙換成死星，將發現兩顆星球會在太空中彼此追逐，釋放重力波。由於這些波帶有能量，最後兩顆星會失去能量，變得越來越靠近。當分析此雙星系統的訊號時，可以實驗計算雙星軌道上的變化量。如同愛因斯坦的廣義相對論所預測，兩顆星每次旋轉會拉近一公釐。軌道總直徑為四三五，〇〇〇哩，每年會減少一碼，而這個數字正是從愛因斯坦方程式推算出來的數字。因為失去重力波，兩顆星將在兩億四千萬年後完全撞在一起。這項精確實驗可以重新詮釋為測試愛因斯坦理論準確度的方法，結果數字如此精確，可以推論廣義相對論為99.7％正確（在實驗誤差內）。

最近幾年，有一系列先進的實驗將試圖直接觀察重力波。LIGO（Laser Interferometer Gravitational Wave Observatory，雷射干涉儀重力波天文台）很快就可望成為第一個觀測重力波的計畫。所偵測到的波，可能會是來自於外太空碰撞的黑洞。LIGO讓物理學家的夢想成真，是第一個靈敏度足以測量重力波的儀器，包括美國的三處雷射設施（兩處在華盛頓州漢福德，一處在路易西安那州的列文斯頓）[1]。事實上，這是國際合作計畫的一部分，整個計畫包括法義在比薩的VIRGO偵測器，日本在東京外的TAMA偵測器，以及英德在德國漢諾威的GEO600偵測器。LIGO最後的建造經費需要兩億兩千萬美元（再加上八千萬測試、維修費），這成為美國國科會資助過最昂貴的計畫。

LIGO所使用的雷射偵測器，看起來非常像二十世紀初邁克生—摩里用來偵測以太風的設備，只不過普通的光束改為雷射光束。雷射光束先分成兩道光束，彼此呈垂直前進，在碰到鏡子後，兩道光束合而為一。若有重力波撞到干涉儀，將會對雷射光束的路徑長短發生影響，產生的擾動可形成兩道光束間的干涉圖案。為確保撞到雷射裝置的訊號不是雜訊，雷射偵測器必須平均分布在地球上。只有比地球還大的重力波，才能夠一次發射到所有偵測器上。

最後，NASA與歐洲總署將在外太空安置一系列雷射偵測器。到二〇一〇年時，NASA預計發射稱LISA（Laser Interferometer Antenna，太空雷射干涉天線）的三顆衛星，將以地球軌道長的距離繞轉太陽。這三個雷射偵測器將會在外太空形成正三角形（每邊約為三百萬哩）。這套系統相當精巧，將能偵測到十億兆分之一的振動（相當於一個原子寬度的百分之一），讓科學家能夠偵測大霹靂最初的震波。若一切進行順利，LISA將能窺探到大霹靂之後的兆分之一秒，成為探測宇宙誕生最強大的宇宙學工具。這是關鍵所在，因為據信LISA能夠找到統一場論正確本質——萬有理論——的第一次實驗證據。

愛因斯坦引進的另一個重要工具是重力透鏡。一九三六年時，他證明鄰近星系可以做為巨大的透鏡，聚焦遠方物體來的光線。結果，還要經過數十年才觀測到愛因斯坦透鏡，第一次突破發生在一九七九年，當時天文學家觀測魁霎00957+561，發現空間的確彎曲，形成可聚集光線的透鏡。

---

① 編注：LIGO已於二〇一五年首度偵測到重力波訊號通過其觀測器，二〇一七年其主要成員以此成就獲諾貝爾獎，其後更公布了首度看見重力波來源發出的光線、首度以重力波偵測到兩個中子星合併等成就。

一九八八年，科學家首次觀測到愛因斯坦環，是來自於電波源MG1131+0456，此後大約有二十個愛因斯坦環被觀測到，但主要都是部分環。直到一九九七年使用哈伯太空望遠鏡與英國MERLIN（Multi-Element Radio Linked Interferometer Network，多單元電波干涉網路）電波望遠鏡陣列，才第一次看到形成完整圓圈的愛因斯坦環。他們分析遙遠的星系1938+666後，找到該星系周遭典型的環。曼徹斯特大學的伊恩・布朗博士（Ian Brown）說：「看第一眼時，看起來很像是人工效應，還以為是影像不好，但後來明白了，原來我們正在看一個完美的愛因斯坦環！」英國的天文學家對此發現興奮不已，喊道：「它是個牛眼！」實際上環很小，只有一角秒大，或是從二哩遠看一便士的大小。然而，它證實了愛因斯坦在幾十年前的預測。

在宇宙探索中驗證廣義相對論

廣義相對論最偉大的爆發是在宇宙學領域。一九六五年，羅伯特・威爾森（Robert Wilson）與阿諾・潘佳斯（Arno Penzias）兩名物理學家利用紐澤西州的貝爾實驗室號角電波望遠鏡（Horn Radio Telescope），偵測到外太空微弱的微波輻射。他們之前不知道加莫與學生們的先驅研究，也不明白自己無意中偵測到來自大霹靂的宇宙輻射。（據傳說，他們起先以為收到的訊號是因為鳥糞污染電波望遠鏡而造成干擾，後來普林斯頓的物理學家R・H・狄克〔R. H. Dicke〕確認出此輻射是加莫的微波背景輻射。）結果，潘佳斯與威爾森也因為研究極具開創性，獲頒諾貝爾物理獎。此後，一九八九年發射的COBE（Cosmic Background Explorer，宇宙背景探險家）為我們帶來最詳細的宇宙微波背景輻射圖，發現它不可思議地平順。柏克萊加州大學的喬治・斯穆特（George Smoot）領導一群物理學家分析這塊平順背景上的任何些微漣漪，結果產生一張驚人的背景輻射圖，是宇宙只有約四十萬年時候的照片，媒體則誤稱這張圖是「上帝的臉」（這張照片不是上帝之臉，而是大霹靂的「嬰兒照」）。

這張照片有趣的地方在於，這些漣漪可能就是大霹靂時微小的量子起伏。根據測不準定理，大霹靂不可能是完美平順的爆炸，因為量子效應一定會產生特定大小的漣漪。這一點也正是柏克萊研究小組所發現的（若他們未發現漣漪，對於測不準定理將是一大打擊）。這些漣漪不僅證明測不準定理適用於宇宙誕生，對於宇宙「團塊結構」的出現，也為科學家提供了可能的機制。環顧地球四周，我們可以看見星系是成團的，造成宇宙粗糙的結構。這些起伏或許可以輕易解釋成原始大霹靂的漣漪，並隨著宇宙擴張而延伸。因此當我們看到天上成團的星系時，可能正在窺視測不準定理所留下的大霹靂波紋。

但是在重新發掘愛因斯坦的研究上，成就最非凡的也許是來自「暗能量」。前面提過，愛因斯坦在一九一七年為了避免宇宙擴張，所以引進宇宙學常數（或稱真空能量）的概念（由於廣義協變只允許重力方程式包含兩個可能的項，即里奇曲率與時空體積，所以不能輕易除去宇宙學常數項）。當哈伯證明了宇宙正在擴張，愛因斯坦則稱宇宙學常數是自己最大的錯誤。不過，二〇〇〇年發現的結果顯示，愛因斯坦最終可能是對的：宇宙學常數不僅存在，暗能量甚至可能構成整個宇宙最大的質／能來源。天文學家藉由分析遙遠星系的超新星，已經能夠計算宇宙數十億年來的擴張速度。令人驚訝的是，他們發現宇宙擴張的速度正在加速，而不是大部分人想的在減慢。我們的宇宙正處於脫韁狀態，會一直擴張下去。因此，現在我們可以預測宇宙將會如何死亡。

之前，有些宇宙學家相信宇宙間可能有足夠的物質來扭轉宇宙擴張，所以宇宙最終將會收縮，星系間開始出現藍移（物理學家史蒂芬．霍金〔Stephen Hawking〕甚至相信，當宇宙收縮時，時間本身也會逆轉，使歷史倒帶重演，這表示人們會變年輕、跳回媽媽肚子裡；人們會從游泳池裡彈回來、身體乾乾地站在跳水板上；煎蛋會跳回未破裂的蛋殼裡……不過，霍金後來承認自己錯了）。他們認為宇宙最後會產生內爆，在熾熱的大塌縮中結束。有人甚至猜想宇宙會再經歷一次大霹靂，創造一個振盪的宇宙。

然而，隨著實驗結果發現宇宙擴張正在加速的事實，這一切可能性都被破除了。最簡單、符合數據的解釋是宇宙裡遍布龐大的暗能量，具有反重力作用，會將星系推開。當宇宙變得越大，則真空能量越多，也就會將星系間推得更開，形成一個加速的宇宙。

這似乎證實了「暴脹宇宙」理論中一個版本的想法，最早是由麻省理工學院物理學家亞倫．古斯（Alan Guth）所提出，修正了費里德曼與勒梅特最先的大霹靂理論。大概來說，在「暴脹宇宙」理論中有兩階段的擴張。第一個是快速的指數型擴張，宇宙是由大的宇宙學常數所主宰。最後，指數型膨脹會終結，擴張會慢下來，回歸到費里德曼與勒梅特所指的傳統型擴張宇宙。若這屬正確，代表看得到的宇宙只不過是一小點，真正的宇宙還有更大的時空存在。最近高空氣球實驗也帶來可信的暴脹證據，顯示宇宙看起來大約是平坦的，這指出宇宙何其大！人類好比是坐在大汽球上面的小螞蟻，認為宇宙是平坦的，殊不知是因為我們自身太渺小了。

暗能量迫使我們重新思索自己在宇宙裡真正的角色與地位。哥白尼證明人類在太陽系中的位置，並無任何特殊之處，而暗物質的存在顯示，構成世界的原子沒有任何特殊之處，因為宇宙裡90％的物質是由神祕的暗物質組成。現在，宇宙學常數的結果指出，暗物質使得星球、星系的能量變得小巫見大巫，然而暗能量又使暗物質看起來微不足道。宇宙學常數曾經是愛因斯坦不得已引進、以便保持宇宙穩定的東西，然而卻可能成為目前宇宙間最巨大的能量來源。（二〇〇三年，WMAP衛星證實宇宙物質與能量有4％是在一般的原子上，22％是未知的暗物質，而73％則是暗能量。）

黑洞不再只是幻想

廣義相對論另外一個奇怪的預測是黑洞，一九一六年當史瓦茲卻德重新引進暗星的概念時，黑洞僅被視為科幻小說的題材。不過，哈伯太空望遠鏡與非常大陣列電波望遠鏡現在已證實五十個以上的黑洞存在，它們主要藏身於大型星系的中心。許多天文學家相信，也許天上幾兆星系中，有半數的中心有黑洞存在。

愛因斯坦知道，要指認這些奇特物體十分困難。根據定義它們不可見，因為連光都無法逃脫黑洞，所以本質上他們極為難見。哈伯望遠鏡窺探進遙遠魁霎與星系的核心，現在已取得環繞在遠方星系（如 M-87 與 NGC-4258）中心黑洞的旋轉盤照片。經測量結果得知，繞轉黑洞的物質其速度約為每小時一百萬哩。最詳細的哈伯照片顯示，在每個黑洞的正中心有一點存在，約為一光年寬，威力足以旋轉一整個十萬光年大小的星系。經過多年的猜測，到了二〇〇二年才終於證明我們的後院——銀河系中心也藏有一個黑洞，重量約是二百萬個太陽。所以，我們的月球繞地球轉，地球繞太陽轉，而太陽則是繞著一個黑洞轉。

根據十八世紀密謝爾與拉普拉斯的研究，暗星或黑洞的質量與其半徑呈比例，因此推算出我們銀河系中心的黑洞，大約是水星軌道半徑的十分之一大，這麼小的物體，居然完全主宰了附近星球的運動，著實令人感到驚訝！二〇〇一年，天文學家利用愛因斯坦的透鏡效應，發現銀河系裡面有一個黑洞漫遊；隨著黑洞移動，它會扭曲周邊的星光。天文學家藉由追蹤光線扭曲運動，可以計算出它在天空中的軌跡。（任何漫遊的黑洞經過地球時，會造成毀滅性效果，它將會吃下整個太陽系，還不會打飽嗝呢！）

一九六三年，紐西蘭數學家羅伊．克爾（Roy Kerr）推導史瓦茲卻德黑洞，納入旋轉的黑洞，促使黑洞研究更進一步。既然宇宙裡每個東西看起來都在旋轉，而且物體崩塌時會旋轉得更快，所以推斷真正的黑洞會以極快的速度旋轉是很自然的事情。令大家吃驚的是，克爾發現愛因斯坦方程式的正確解指出，星球會崩塌成旋轉的環；重力會試著使環崩塌，但是離心力會變得夠強而能抵消重力，使旋轉的環穩定。讓相對論學家最感困惑的是，若你掉進環裡，將不會被擠死，因為中心的重力雖大但是有限，所以原則上你可以通過環，到另一個宇宙去。也就是說，通過愛因斯坦—羅森橋的旅程不見得會致死，若環夠大的話，我們有可能安全進入另一個平行的宇宙。

物理學家立刻開始探討，若是掉進克爾黑洞時會發生什麼事情？遇上這種黑洞當然是終生難忘的經驗，原則上它可以給我們通往其他星球的捷徑，立刻把我們運送到星系的另一邊，或是到完全不同的宇宙裡。當接近克爾黑洞時，將會通過事件視界，讓你永遠回不去原先的地方（除非有另一個克爾黑洞連接此平行宇宙與我們的宇宙，使得來回旅行成為可能）。此外還有穩定性的問題。掉進愛因斯坦—羅森橋時所造成的時空扭曲，可能會迫使克爾黑洞關閉，使得來回過橋的旅行變得不可能。

克爾黑洞好像是兩個宇宙間的通道或閘口，這想法雖然詭異，基於物理學無法排除其可能性，因為黑洞的確以極快的速度旋轉。很快科學家就會知道，這些黑洞不僅可能連接空間中遙遙相隔的兩個點，同時也能充當時間機器來連結時間。

時間旅行的起點

一九四九年哥德爾發現第一個愛因斯坦方程式的時間旅行解，當時被認為是方程式一個新奇、偏門的獨立解答。不過自此之後，在愛因斯坦的方程式裡又找到許多時間旅行的解。例如，科學家發現早在一九三六年，W・J・范斯達康（W. J. van Stockum）找到的解就允許時間旅行。范斯達康解包含一個無限長的圓柱體，快速地自轉，就像是理髮院外的跑馬燈；若是繞著旋轉的圓柱體旅行，那麼可能比離開時更早回到原點，這很像是哥德爾在一九四九年的解。雖然這個解引人深思，但問題在於圓柱必須要無限長，長度有限的旋轉圓柱顯然不管用。因此基於物理考量，哥德爾與范斯達康的解原則上都可以被排除。

一九八八年，加州理工學院的基普・索恩（Kip Thorne）等人找到另一個愛因斯坦方程式的解，可以允許經由蛀孔進行時間旅行。他們指出有一種新的蛀孔可以完全穿過，解決了事界只能單向旅行的問題。事實上，他們還計算出這種時間機器的旅行，可能會和搭飛機一樣舒服。

這些時間機器的一切鎖鑰在於讓時空產生彎曲的物質或能量，要將時間彎成蝴蝶捲餅的形狀，我們需要龐大至極的能量，遠非現代科學所能及。索恩提出來的時間機器，需要負質量或負能量支持。但是沒有人見過負質量，若是你手中握有一片具有負質量的物質，它將會往上飛，而不是往下掉。搜尋負質量物質可說是徒勞無功，若是幾十億年前曾有這種物質存在地球上，也早就飛入外太空，永遠失去蹤影了。另一方面，負能量確實以卡西米爾效應的形式存在。若我們設立兩片電中性的平行金屬板，因為它們未帶電，所以不會相吸或相斥，應該是保持靜止不動。不過，一九四八年亨里克・卡西米爾（Henrik Casimir）提出一個新奇的量子問題，他證明兩片平行板會受一個很小的力量相吸，在實驗室也測量到了。

因此索恩的時間機器可以依下建造：取兩對平行金屬板，由於卡西米爾效應，板子之間將存有負能量。根據愛因斯坦的理論，負能量的出現會在該區時空上打開小洞或泡沫（比次原子粒子更小）。現在為了說明起見，假定有比我們更先進許多的文明能夠操縱這些洞，在兩組平行板中各抓住一個洞，然後拉長到形成管子或蛀孔、能夠連接兩對板子為止（要用蛀孔連結這兩對平行板，是今日科技遠遠無法企及的）。現在將其中一對板子送上火箭，以接近光的速度旅行，火箭船上的時間會減慢。如前面提過，火箭上的時鐘會走得比地球上的時鐘更慢，若是你跳進地球上兩片平行板中間的洞，將會被吸進連結兩組板子之間的蛀孔，發現自己置身在過去時間的火箭上，而身處於不同的時間與空間點。

自此之後，時間機器（或稱「封閉類時曲線」更適當）的領域已經蓬勃發展，有許多論文提出各種不同的設計，全部都是依據愛因斯坦的理論。不過，不是每個物理學家都感到欣喜，像霍金一點兒也不喜歡時間旅行的點子。他不當一回事地說，如果時間旅行有可能，那麼我們老早被未來的觀光客淹沒了，可是我們並沒有看到他們；如果時間機器很平常，那麼歷史將無法寫成，因為只要有人轉動時間機器，一切都會改寫了。霍金宣稱，他是想讓歷史學家感到安心。不過，在T．H．懷特（T. H. White）的小說《永恆之王》（*The Once and Future King*）中，有一個螞蟻社會服膺以下格言：「未受禁止之事，便是強制。」物理學家謹記在心，所以霍金被迫提出「時空保護猜想」，強制禁止時間機器。（霍金後來放棄證明此猜想，他現在仍然主張縱使時間機器在理論上可能，實際上卻不可行。）

就我們目前所知，這些時間機器顯然遵守物理法則。當然，重點在於如何取得這些龐大的能量（只有「夠先進的文明」才能使用），以及證明這些蛀孔在量子修正下仍然維持穩定，並且在我們進去後不會爆炸或關閉。

另外值得一提的是，時間機器或許能夠解決時間矛盾的問題（例如在自己出生前殺掉父母這種事）。因為愛因斯坦的理論是建立在平滑、彎曲的黎曼表面上，當我們進入過去並創造時間矛盾時，並不會就此消失不見。對於時間矛盾，有兩種可能的解答。首先，時間之河可能會有漩渦，或許當我們一進入時間機器後，便實現了過去，這意謂時間旅行是可能的，但我們無法改變過去，只能完成過去。俄羅斯宇宙學家伊戈爾．諾維科夫（Igor Novikov）便是持這種觀點，他表示：「我們不能送一名時間旅行者回到伊甸園，要求夏娃不要從樹上摘蘋果。」第二，時間之河本身分叉成為兩條河流，也就是一個平行宇宙可能打開，因此若是你在出生前便殺死父母的話，你只是殺掉基因與父母相同的人，而不是自己真正的父母，你的父母真的生下你、讓你擁有自己的軀體，發生的事情是你跳進了我們宇宙之外的另一個宇宙，這麼一來所有的時間矛盾都解決了。

未竟的理想

然而愛因斯坦最在乎的理論是統一場論。愛因斯坦曾對祕書海倫說道，也許過了一百年，物理學家就會了解他在做什麼。不過他錯了，不到五十年，統一場論又再度興起。對統一的探尋，曾經被物理學家嘲諷是永不可及的夢想，如今也許就在我們伸手所及之處閃爍著，還主宰了理論物理學家每次開會的議題。

自從哲學家德謨克利特（Democritus）與古希臘人初次問道宇宙是什麼構成，兩千年來對物質性質的探究，已在物理學界產生兩派完全互不相容的競爭理論。第一是量子理論，用來描述原子與次原子粒子的世界無比成功。第二個理論是愛因斯坦的廣義相對論，帶給我們突破性的黑洞理論與擴張宇宙。最終的矛盾是，這兩項理論完全是對立的，各有不同的假設、不同的力學、不同的物理圖象。量子理論是以個別封包的「量子」能量以及次原子粒子之舞為基礎，而相對論則是以平滑曲面為基礎。

今日物理學家已經提出最先進的量子物理，稱為「標準模型」（Standard Model），可以解決次原子實驗數據，這也是最成功的自然理論，能夠描述四種基本作用力的三種作用力（電磁力、弱核力與強核力）。雖然標準模型極為成功，然而卻有兩個礙眼的問題。首先，這個理論醜斃了，恐怕是有史以來最醜的科學理論，硬生生把弱作用力、強作用力與電磁力綁在一起。就像是用膠帶把鯨魚、食蟻獸與長頸鹿綁在一起，然後宣稱這是自然偉大的成就，是幾百萬年演化的終點。第二，標準模型含有許多名字奇怪、又不知所以的次原子粒子，像是夸克、希格斯玻色子、楊—米爾斯粒子、W—玻色子、膠子與微中子，是一個令人困惑的大雜燴組合。更糟的是，標準模型根本沒有提到重力，若是試著硬將重力移植到標準模型裡，理論將會出現無限大的量。五十年來，嘗試結合量子理論與相對論的所有努力，都是白費心機。有鑑於這些美學上的缺陷，我們只能說這項理論唯一的優勢，便是在實驗範疇上正確無誤。很顯然地，我們必須要越過標準模型，重新檢驗愛因斯坦的統一之道。

五十年後，萬有理論（可以統一量子理論與廣義相對論）的優先候選人稱為「超弦理論」；其他對手統統出局了，只有它還留在場子內，如物理學家溫柏格所說：「弦論是最終理論的首位候選人。」溫柏格相信，引導古代航海家的地圖都指向傳說中存在的北極點，雖然一直要到一九〇九年羅伯特·培里（Robert Peary）才首次踏上北極點；同樣地，粒子物理學中所有的發現都指向宇宙有「北極」存在，亦如統一場論。超弦理論能夠以極簡單的方式，集量子理論與相對論之大成，其基本想法是將次原子粒子視為是振動弦上的音符。相較於愛因斯坦因為物質具有糾纏複雜的特性及看似混亂的本質，而將物質比喻成木材，超弦理論則將物質化約為音樂（愛因斯坦是傑出的小提琴家，想必會喜歡這個點子）。

一九五〇年間，物理學家曾一度認為永遠也無法弄懂所有次原子粒子，因為新粒子一直不斷冒出來。歐本海默曾經很厭惡地說道：「諾貝爾獎應該頒給今年沒有發現新粒子的物理學家。」這些次原子粒子被取了許多奇怪的希臘名字，費米曾表示：「如果我知道會有這麼多取希臘名字的粒子，我去當植物學家就好了，用不著來當物理學家。」不過在弦論裡，若是擁有一個超倍率的顯微鏡而能直接看到電子裡頭，將發現看到的不是一點粒子，而是一條振動的弦。當超弦振動成不同模式或音符時，會形成不同的次原子粒子，例如光子或微中子。在這張圖裡，我們在自然界看到的次原子粒子，可視為超弦的最低八度音階，因此過去幾十年來發現的大批次原子粒子，只是超弦上的音符而已；看起來又混雜又專斷的化學法則，則是超弦上演奏出來的旋律，宇宙本身是交響樂，至於物理定律是超弦合聲了。

超弦理論也可以包含愛因斯坦所有的相對論研究。當弦在時空裡運動時，會迫使周圍的空間彎曲，正如愛因斯坦在一九一五年所做的預測；事實上超弦理論在時空裡的運動必須符合廣義相對論，才能形成一致的理論。如物理學家埃德華．維敦（Edward Witten）曾表示，縱使愛因斯坦從未發現廣義相對論，可能也會在弦論裡重新發現。他說道：「弦論極具吸引力，因為重力是必要的一環，所有已知一致的弦論都包括重力。量子場論不能容納重力，然而弦論卻不能沒有重力。」[2]

不過，弦論還做了一些相當令人驚訝的預測。弦只能在十維度內（一個時間維度與九個空間維度）做和諧運動，事實上弦論是唯一限定自己時空維度的理論。如同一九二一年的克魯札—克萊因理論，弦論統一了電磁力與重力，因為他假定更高的維度可以振動，創造出像光一樣可以遍及三維度的作用力。（若我們加上第十一個維度，則弦論容許在超空間振動的膜，這稱為「M理論」，該理論可吸收弦論，從第十一維度的觀點提供新見解。）

統一愛因斯坦夢想的可能——超弦理論

若愛因斯坦今日還在世，他會如何看待超弦理論呢？物理學家大衛·葛羅斯（David Gross）表示：「愛因斯坦會對此感到高興，縱使不是對於弦論本身，而是對於其目標……他會很高興存在一個根本的幾何原則，雖然我們現在並不太了解。」我們看到，愛因斯坦統一場論的本質是要從幾何學（彈珠）中創造出物質（木材），葛羅斯就這點指出：「想要從幾何學建造物質，正是弦論所做的事情……在這個重力理論中，產生了物質粒子與其他自然作用力，如同重力從幾何學裡產生一樣。」從弦論的觀點來看，回到愛因斯坦早期對統一場論的研究上是有益處的。愛因斯坦的天才，正在於他能抽離出宇宙裡統一自然法則的關鍵對稱：統一空間與時間的對稱是洛侖茲轉換，或稱四維度旋轉；重力背後的對稱則是廣義協變，或稱時空的任意座標轉換。

然而，在愛因斯坦第三次嘗試偉大的統一理論後，他失敗了，主要是因為他缺乏用來統一重力與光的對稱，或說是統一彈珠（幾何）與木材（物質）的對稱。當然，他明白自己缺乏一項根本原則，引導他走出張量微積分的叢林。他曾經寫道：「我相信若要真的有進展，應該要先從自然中找到某種普遍性原則。」

但這正是超弦理論有貢獻之處。超弦背後基本的對稱叫做「超對稱」，是一種奇特又漂亮的對稱，統一了作用與物質。前面提過，次原子粒子具有「自旋」的特性，宇宙中構成物質的電子、質子、中子與夸克都有自旋量二分之一，它們稱為「費米子」（fermions），這是以探究半整數自旋粒子特質的費米命名。至於媒介作用力的量子，則是以電磁（自旋量一）與重力（自旋量二）為基礎。它們有整數自旋，現在稱為「玻色子」（bosons，依玻色與愛因斯坦的研究命名）。關鍵點在於，原則上物質（木材）由半整數自旋的費米子所組成，作用力（彈珠）則是由整數自旋的玻色子所組成，而超對稱統一費米子與玻色子。這是關鍵要點，超對稱允許木材與彈珠的統一，一如愛因斯坦所期盼。超對稱更允許一種新幾何學，甚至連數學家也感到驚訝，這便是「超空間」，使得「超彈珠」變得有可能。在這種新途徑中，我們必須推導舊的空間與時間維度，納入新的費米子維度，才能創造出「超作用力」，使得所有作用力在誕生的一刻都能從超作用力產生。

因此，有些物理論家猜想，我們必須將愛因斯坦最早的廣義協變原則推導成為：物理方程式必定是超協變（亦即在超協變轉換後仍保持相同形式）。

超弦理論讓我們可以用全新眼光分析愛因斯坦的統一場論研究。當我們開始分析超弦方程式的解時，會遇到許多愛因斯坦在一九二〇到三〇年間遇到的怪異空間。如前面所見，他研究黎曼空間的推導，今日可以對應到弦論裡發現的一些空間。愛因斯坦很吃力地一一檢視這些怪異空間（包括複雜空間、扭曲空間與撓空間、反對稱空間等等），但是他迷路了，因為缺乏任何物理原則或圖象做為指南，帶領他走出數學糾葛。這正是超對稱切入之處，可做為組織原則，讓我們能夠從不同觀點來分析這些怪空間。

超對稱真的是愛因斯坦人生最後三十年所苦苦追求的對稱嗎？愛因斯坦統一場論的關鍵在於，那應該是由純粹的彈珠，即純粹的幾何造成；原先相對論裡出沒的醜「木材」，是要納進幾何裡的。超對稱可能握有通往純粹彈珠理論的鎖鑰。在這個理論裡可以引進「超空間」，空間本身將變化超對稱化。換句話說，有可能最終的統一場論是從新「超幾何」的「超彈珠」所構成。

物理學家現在相信，在大霹靂的瞬間，世界所有對稱都如愛因斯坦所想的呈現統一；我們在自然界看到的四種作用力（重力、電磁力、強核力與弱核力），在創生瞬間都被統一成為一個「超作用力」，當宇宙冷卻時才分開來。愛因斯坦追尋的統一場論之所以看似不可能，只是因為我們現今看到的四作用力世界，已經很慘地分成四塊了。若我們將時鐘倒轉一百三十七億年，回到原先大霹靂那刻，將可看到宇宙如愛因斯坦所想像地散發統一和諧的光輝。

維敦宣稱，弦論有一天會主宰物理界，如同過去半世紀以來量子力學主宰了物理界。然而，眼前仍然有許多難以克服的障礙，批評人士也指出弦論的一些弱點。首先，我們無法直接測試弦論，因為超弦理論是探求宇宙的理論，唯一測試之道是重新創造大霹靂，亦即在原子對撞機裡創造如宇宙創生環境的能量，然而這將需要一個星系大小的加速器才行，當然這是不可能的事情，就連超先進的文明也辦不到。不過，大部分的物理都是間接進行，所以物理學家寄望日內瓦近郊將要興建的大型強子對撞機（Large Hadron Collider，ＬＨＣ），能具備探測弦論所需要的巨大能量。當ＬＨＣ在不久的將來開始運轉時，將會加速質子到數兆電子伏特，足夠將原子擊碎，科學家希望檢驗這些巨大撞擊後的衰變產物時，能夠找到新粒子：超粒子（sparticle），這將代表超弦更高的共振或音階。①

甚至有些人猜想，暗物質可能是由超粒子組成。例如，光子的夥伴稱為

① 編注：強子對撞機於二〇〇八年啟用，並於二〇一二年宣布找到新玻色子，於二〇一三年確認其為希格斯玻色子（Higgs boson）。

伴光子（phoyino），屬電中性、穩定、並具有質量。若是宇宙間充滿伴光子氣體，我們將看不到它，但它會表現得很像暗物質。有一天若是我們能夠認識暗物質的真正本質，或許可以做為超弦理論的間接證明。

另一個間接測試理論的方法，是分析來自大霹靂的重力波。當LISA重力波偵測器在未來十年內發射時，可能會接收到來自宇宙創造後兆分之一秒那瞬間傳出的重力波。若這些波吻合弦論所做的預測，弦論的正確性或許可獲得實驗證實。

M理論也有可能解釋克魯札—克萊因宇宙所圍繞的謎題。前面提到，克魯札—克萊因宇宙有個嚴重的阻礙，便在於這些高維度無法在實驗室裡看到，事實上它一定得比原子更小（要不然原子會滲進這些更高的維度裡）。但是M理論提供一個可能的解答，假定我們的宇宙是一個膜，飄浮在一個無限的十一維超空間裡，那麼次原子粒子與原子會限制在膜（我們的宇宙）上，而重力是超空間的扭曲，能夠自由在宇宙間流動。

這個假設聽起來很奇怪，不過我們可以測試一番。自從牛頓以後，物理學家已經知道重力會隨距離平方而減小，在四維度空間裡，重力應該會隨距離立方而減少。因此，可藉由測量完美反平方定律的微小偏差，來偵測是否有其他宇宙存在。最近，有人猜想若是平行宇宙僅離我們的宇宙一公釐遠，他可能會與牛頓重力相容，而且也許能由LHC偵測到。這個想法已讓物理學家感到相當興奮，他們明白超弦理論的某個面向可能很快就能測試了，或許是尋找超粒子，或許是尋找離我們一公釐遠的平行宇宙。

平行宇宙或許可以對暗物質提供另一項解釋。若是有個平行宇宙在附近，我們將不會看到或感覺到（因為物質被限制在我們的膜宇宙裡），但是卻能感受到其重力（重力能在宇宙間傳遞）。對於我們來說，看不見的空間似乎帶有重力，非常像暗物質。有些超弦理論學家猜想，也許暗物質可以解釋成是附近的平行世界所製造出來的重力。

站在巨人的肩膀

但是證明超弦理論正確與否的真正問題，並不在於實驗，我們不需要建立巨大的加速器或太空衛星來驗證理論，真正的問題是純粹理論上的問題：若人類真的聰明到能夠完全解決理論，我們將發現所有解，應該會包括整個宇宙、宇宙裡的星球、星系、行星與人類。到目前為止，地球上沒有人聰明到完全解出這些方程式，也許明天、也許幾十年後，有人會宣布已經完全解決理論了，到那個時候，我們將能夠知道它究竟是萬有理論，還是萬無理論。因為弦論是如此精確，沒有任何可調整的參數，所以中間並沒有灰色地帶。

超弦理論或M理論真的能夠讓我們將自然法則統一成為簡單一致的法則，一如愛因斯坦曾經期盼的嗎？現在下定論還太早。讓我們記住愛因斯坦的話：「有創意的原則就在數學中。因此我相信純粹思考能夠掌握真實，如同古人所夢想的。」也許有年輕的讀者看完這本書後，受到啟發而去追尋所有物理作用力的統一，最終能完成這個夢想。

所以，我們應該如何重新評價愛因斯坦真正的遺產呢？我們不應該說他在一九二五年以後去釣魚比較好，也許更加適當的頌詞如下：所有基本層次的物理知識都包含在兩大物理學支柱裡，即廣義相對論與量子理論。愛因斯坦是廣義相對論的創始者，是量子理論的教父，並為兩者可能的統一鋪下道路。

註釋

1. 更正確地說，貝爾主張重新檢驗以前的EPR實驗。原則上可以測量成對電子的偏極角度，貝爾即詳細分析兩對電子間各種極化角度的相關性，於是讓他可針對這些角度提出一種不等式（稱「貝爾不等式」）。若量子力學是正確的，那麼一組關係式便可成立；若量子力學不正確，另一組關係式便會成立。結果每一次進行這個實驗，皆證明量子力學的預測是正確的。

2. 這裡也要指出，最新的弦論版本稱為「M理論」。弦論在十度空間中定義（九維度空間與一維度時間），然而在十度空間中可以得到五個不會自相矛盾的弦理論，讓希望只有一個統一理論、而非得到五個候選理論的理論家甚感困惑。最近，維敦等人證明若在十一度空間中定義弦論（十維度空間與一維度時間），則五個理論事實上是等價的，在十一維度中，高維度的膜可以存在，有些科學家便猜想我們的宇宙可能就是這種膜。雖然M理論的引進對於弦論是一大進步，但是目前沒有人知道M理論的方程式該怎麼寫。

參考書目

根據愛因斯坦的遺囑，「愛因斯坦檔案」中所有的手稿與書信，都捐贈給耶路撒冷的希伯來大學，文件影本可在普林斯頓與波士頓大學找到。由約翰・斯塔哲（John Stachel）編輯的《愛因斯坦全集》（*The Collected Papers of Albert Einstein*）共五冊，提供此巨冊的全部譯文。

Barrow, John D. *The Universe That Discovered Itself.* Oxford University Press, Oxford, 2000.

Bartusiak, Marcia. *Einstein's Unfinished Symphony.* Joseph Henry Press, Washington, D.C., 200.

Bodanis, David. $E=mc^2$. Walker, New York, 2000.

Brian, Denis. *Einstein: A Life.* John Wiley and Sons, New York, 1996.

Calaprice, Alice, ed. *The Expaned Quotable Einstein.* Princeton University Press, Princeton, 2000.

Clark, Ronald. *Einstein: The Life and Times.* Warld Poblishing, New York, 1971.

Crease, R., and Mann, C. C. *Second Creation*. Macmillan, New York, 1986.

Cropper, William H. *Great Physicists.* Oxford University Press, New York, 2001.

Croswell, Ken. *The Universe at Midnight.* Free Press, New York, 2001.

Davies, P. C. W., and Brown, Julian, eds. *Superstrings: A Theory of Everything?* Cambridge University Press, New York, 1988.

Einstein, Albert. *Ideas and Opinions.* Random House, New York, 1954.

Einstein, Albert. *The Meaning of Relativity.* Princeton University Press, Princeton, 1953.

Einstein, Albert. *Relativity: The Special and the General Theory.* Routledge, New York, 2001.

Einstein, Albert. *The World as I see It.* Kensington, New York, 2000.

Einstein, Albert. Lorentz, H. A., Weyl, H., and Minkowski, H. *The Principle of Relativity.* Dover, New York, 1952.

Ferris, Timothy. *Coming of Age in the Milky Way.* Anchor Books, New York, 1988.

Fiückiger, Max. *Albert Einstein in Bern.* Paul Haupt, Bern, 1972.

Folsing, Albrecht. *Albert Einstein.* Penguim Books, New York, 1997.

Frank, Philip. *Einstein: His Life and His Thoughts.* Alfred A. Knopf, New York, 1949.

French, A. P., ed. *Einstein: A Centenary Volume.* Harvard University Press, Cambridge, 1979.

Gell-Mann, Murray. *The Quark and the Jaguar.* W. H. Freeman, San Francisco, 1994.

Goldsmith, Donald. *The Runaway Universe.* Perseus Books, Cambridge, Mass., 2000.

Hawking, Stephen, Thorne, Kip, Novikov, Igor, Ferris, Timothy, and Lightman, Alan. *The Future of Spacetime.* W. W. Norton, New York, 2002.

Highfield, Roger, and Carter, Paul. *The Private Lives of Albert Einstein.* St. Martin's, New York, 1993.

Hoffman, Banesh, and Dukas, Helen. *Albert Einstein, Creator and Rebel.* Penguin, New York, 1973.

Kaku, Michio. *Beyond Einstein.* Anchor Books, New York, 1995.

Kaku, Michio. *Hyperspace.* Anchor Books, New York, 1994.

Kaku Michio. *Quantum Field Theory.* Oxford University Press, New York, 1993.

Kragh, Helge. *Quantum Generations.* Princeton University Press, Princeton, 1999.

Miller, Arthur I. *Einstein, Picasso.* Perseus Books, New York, 2001.

Misner, C. W., Thorne, K. S., and Wheller, J. A. *Gravitation.* W. H. Freeman, San Francisco, 1973.

Moore, Walter. *Schrödinger, Life and Thought.* Cambridge University Press, Cambridge, 1989.

Overbye, Dennis. *Einstein in Love: A Scientific Romance.* Viking, New York, 2000.

Pais, Abraham. *Einstein Lived Here: Essays for the Layman.* Oxford University Press, New York, 1994.

Pais, Abraham. *Inward Bound: Of Matter and Forces in the Physical World.* Oxford University Press, New York, 1986.

Pais, Abraham. *Subtle Is the Lord——The Science and the Life of Albert Einstein.* Oxford University Press, New York, 1982.

Parker, Barry. *Einstein's Brainchild: Relativity Made Relatively Easy.* Prometheus Books, Amherst, N.Y., 2000.

Petters, A. O., Levine, H., and Wambganss, J. *Singularity Theory and Gravitational Lensing.* Birkhauser, Boston, 2001.

Sayen, Jamie. *Einstein in America.* Crown Books, New York, 1985.

Schilpp, Paul. *Albert Einstein: Philosopher-Scientist.* Tudor, New York, 1951.

Seelig, Carl. *Albert Einstein.* Staples Press, London, 1956.

Silk, Joseph. *The Big Bang.* W. H. Freeman, San Francisco, 2001.

Stachel, John, ed. *The Collected Papers of Albert Einstein,* vols. 1 and 2. Princeton University Press, Princeton, 1989.

Stachel, John, ed. *Einstein's Miraculous Year.* Princeton University Press, Princeton, 1998.

Sugimoto, Kenji. *Albert Einstein: A Photographic Biography.* Schocken Books, New York, 1989.

Thorne, Kip S. *Black Holes and Time Warps: Einstein's Outrageous Legacy.* W. W. Norton, New York, 1994.

Trefil James S. *The Moment of Creation.* Collier Books, New Yokr, 1993.

Weinberg, Steven. *Dreams of a Final Theory.* Pantheon Books, New York, 1992.

Zackheim, Michele. *Einstein's Daughter.* Riverhead Books, New York, 1999.

Zee, A. *Einstein's Universe: Gravity at Work and Play.* Oxford University Press, New York, 1989.

科學人文 066

愛因斯坦的宇宙：想跟光賽跑、從椅子摔落……世紀天才這樣想出相對論及量子力學

Einstein's Cosmos: How Albert Einstein's Vision Transformed Our Understanding of Space and Time

作者	加來道雄Michio Kaku
譯者	郭兆林
主編	陳怡慈
責任編輯	陳怡君
執行企畫	林進韋
美術設計	陳恩安
內文排版	薛美惠
董事長	趙政岷
出版者	時報文化出版企業股份有限公司 108019 臺北市和平西路三段240號一～七樓 發行專線｜02-2306-6842 讀者服務專線｜0800-231-705｜02-2304-7103 讀者服務傳真｜02-2304-6858 郵撥｜1934-4724 時報文化出版公司 信箱｜10899台北華江橋郵局第九十九信箱
時報悅讀網	www.readingtimes.com.tw
電子郵件信箱	ctliving@readingtimes.com.tw
人文科學線臉書	www.facebook.com/jinbunkagaku
法律顧問	理律法律事務所｜陳長文律師、李念祖律師
印刷	勁達印刷有限公司
二版二刷	2022年5月10日
定價	新臺幣320元

時報文化出版公司成立於一九七五年，並於一九九九年股票上櫃公開發行，於二〇〇八年脫離中時集團非屬旺中，以「尊重智慧與創意的文化事業」為信念。

ISBN 978-957-13-7603-5 ｜ Printed in Taiwan

愛因斯坦的宇宙: 想跟光賽跑、從椅子摔落……世紀天才這樣想出相對論及量子力學/ 加來道雄(Michio Kaku)著；郭兆林譯. -- 二版. -- 臺北市：時報文化, 2018.11｜ 面； 公分. -- (科學人文；66)｜譯自：Einstein's Cosmos: How Albert Einstein's Vision Transformed Our Understanding of Space and Time｜ISBN 978-957-13-7603-5（平裝）｜1.愛因斯坦傳記 2.相對論｜785.28｜107015127